Sönke C. Weiss

Das Mädchen und der Krieg

Sönke C. Weiss

Das Mädchen und der Krieg

Die Geschichte einer Kindersoldatin

Brendow
VERLAG + MEDIEN

Mit freundlicher Unterstützung von World Vision

und dem Amt für Humanitäre Hilfe
der Europäischen Union (ECHO)

Bibliografische Information Der Deutschen Bibliothek
Die Deutsche Bibliothek verzeichnet diese Publikation in der Deutschen Nationalbibliografie; detaillierte bibliografische Daten sind im Internet über http://dnb.ddb.de abrufbar.

ISBN-10: 3-86506-149-4
ISBN-13: 978-3-86506-149-2

Einbandgestaltung: Brendow Verlag, Moers
Titelfoto: Sönke C. Weiss
Satz: Satz & Medien Wieser, Stolberg
Druck und Bindung: Clausen & Bosse, Leck
Printed in Germany

www.brendow-verlag.de

We must always speak the truth about the reasons why so many suffer, and how matters can be put right, we must never avoid speaking the truth because we are afraid of offending people in power.

Jan Egeland
(Vizegeneralsekretär für Humanitäre Angelegenheiten und Koordinator für Nothilfe der Vereinten Nationen)

Für Mathilde

Vorwort

Seit ich im August 2003 für die Aktion „Gemeinsam für Afrika“ in Uganda unterwegs war, um mir vor Ort ein Bild über die Arbeit der verschiedenen Nicht-Regierungs-Organisationen zu machen, habe ich immer wieder versucht, besonders bezüglich Gulu, der letzten Station meiner Rundreise, auf dem Laufenden zu bleiben.

Gulu und das was ich dort erlebt habe ist das, was ich für unseren Song „Dreimohl zehn Johre“ in dem Satz „... koot enn de Höll jeluhrt enn Afrika“ (... kurz in die Hölle geschaut in Afrika) zusammengefasst habe.

Mit einem kleinen Flugzeug waren wir von der Hauptstadt Kampala aus in den Norden geflogen, weil – wie es hieß – die Strecke über Land nicht sicher war. Man hatte uns von einer Art Bürgerkrieg erzählt, der aber in Wirklichkeit nichts anderes ist als das Terrorregime eines durchgeknallten Warlords namens Joseph Kony, der mit seiner pseudoreligiösen „Lord's Resistance Army“ die Menschen dieser Region raubend, mordend und vergewaltigend davon abhält, ihre Felder zu bestellen, ihr normales, bescheidenes Leben zu führen. Kinder beiderlei Geschlechts zwischen acht und vierzehn werden entführt, um sie – je nach Eignung – zu Kindersoldaten, Lastenträgern und Sexsklaven zu machen. Eine der ersten Aufgaben, die ein zwangsrekrutierter männlicher Jugendlicher zu erfüllen hat, ist beispielsweise einen möglichst nahen Verwandten mit der Machete abzuschlachten, womit ihm der Weg zurück in die Familie ein für alle Mal versperrt werden soll.

Rund um Gulu leben die Menschen in Flüchtlingslagern, die ihnen aber auch keinen ausreichenden Schutz bieten können, sodass sich allabendlich vor Einbruch der Dunkelheit Tausende von Kindern mit ihren Schlafmatten auf den Weg in die Provinzhauptstadt machen. Mit Unterstützung von World Vision wurden dort riesige Zelte aufgebaut, in denen die Kinder, bewacht von ugandischen Militärs, wenigstens in Sicherheit schlafen können, bevor sie sich morgens wieder auf den Weg zurück in die Camps machen, nicht wissend, ob der Rest der Familie die Nacht ebenfalls überlebt hat. Wir haben die „Night Commuters" (die Nachtpendler) besucht und von ihren schrecklichen Erlebnissen erfahren. Diese Kinder waren immerhin noch in der Lage, uns ihre Geschichten zu erzählen, die befreiten bzw. desertierten Kindersoldaten, die wir am darauf folgenden Tag im „Reception Center", einer ebenfalls von World Vision unterstützten Einrichtung kennenlernten, konnten das schon gar nicht mehr. Aber was soll eine Aids-Infizierte Fünfzehnjährige mit zwei ebenfalls todkranken kleinen Bälgern einem auch schon groß erzählen, was man sich beim ersten Blick nicht ohnehin schon denken kann?

Nie wieder werde ich an einem Badestrand jemanden in Flip Flops sehen, ohne an diese gemarterten Kinder zu denken, deren einziger Luxus es war, solche Gummilatschen zu besitzen, um nicht auch noch barfuß die Lasten ihrer perversen Peiniger über Stock und Stein schleppen zu müssen. Ich habe furchtbare Wunden gesehen, verkrüppelte Gliedmaßen, Narben, die man nicht beschreiben kann, aber was mich verfolgt, sind die gebrochenen Augen dieser jungen Menschen, die allesamt im Alter zwischen meiner Jüngsten und meinem Zweitältesten waren.

Ich habe in diesen zweieinhalb Tagen wieder und wieder

Menschen versprechen müssen, sie nicht zu vergessen und im reichen Deutschland dafür zu sorgen, dass publik wird, was außerhalb des durch Einschaltquoten und Druckauflagen eingeschränkten Blickfelds unserer Massenmedien in Afrika passiert.

Jetzt hat mir Sönke Weiss sein Buch über den Leidensweg der ehemaligen Kindersoldatin Hope geschickt und obwohl mich in Sachen Norduganda eigentlich nichts mehr schocken dürfte, muss ich gestehen, dass ich das Buch zwischendurch immer wieder beiseitelegen musste, um meine Fassung wiederzufinden. Ich stand plötzlich wieder im Reception Center, wo mich Michael Oruni, der damalige Leiter der Institution, geduldig über seine Arbeit unterrichtete und ich dachte natürlich auch zum tausendsten Mal an das Versprechen, das ich den Night Commuters gegeben habe.

Sönke Weiss hat jetzt einen Bericht verfasst, der einem im ersten Moment wie ein zusammenphantasierter Albtraum vorkommen kann. Leider ist das Gegenteil der Fall, er beruht auf Tatsachen.

Aber es gibt auch Positives zu berichten, denn weil sich die LRA in letzter Zeit unter dem Druck der Armee in den Südsudan und den Kongo zurückgezogen hat, konnte World Vision die Einrichtungen für die Nachtpendler vorläufig schließen, um sich mehr auf die Resozialisierung der befreiten oder geflohenen ehemaligen Kindersoldaten zu konzentrieren.

Um einem möglichst großen Kreis von Interessierten zu ermöglichen, die genaue Entwicklung in Norduganda zu verfolgen, haben Sönke Weiss und ich gemeinsam beschlossen, eine Gulu-Homepage zu initiieren und diese unter anderem mit der Homepage meiner Band (www.bap.de) zu verlinken. Ich bin mir sicher, dass jemand, der angefangen hat, sich mit dem Schicksal der Menschen dieser geschundenen Region zu befassen, unbedingt auf dem Laufenden bleiben will. Dieses Buch hier wird hoffentlich für viele der Einstieg sein.

Wolfgang Niedecken
Köln, im Juli 2006

Prolog

Der Morgen des 15. Januar 1986 ist ebenso gewöhnlich wie der junge Mann, der an diesem Tag den Felsen nahe seines Geburtsortes Odek im Norden Ugandas hinaufzuklettern versucht, dabei fast scheitert, aber von einer inneren Kraft und Überzeugung getrieben, sein Ziel schließlich doch erreicht. Oftmals will er aufgeben, der gewöhnliche junge Mann, doch etwas Größeres, glaubt er, hat von ihm Besitz ergriffen, was ihm die Überzeugung gibt, dass er der Auserwählte ist. Er hat keine Zweifel mehr an seiner Berufung.

Der junge Mann ist barfuß, seine Füße und Beine sind von den Dornen der Büsche, die am Rande des Felsens wachsen, zerkratzt und bluten. Schweiß sickert in seine zerfetzte Kleidung. Sein Atem ist schwer. Er ist keine Strapazen gewöhnt.

Über eine Stunde braucht der junge Mann, um das Massiv zu erklimmen. Immer wieder rutscht er auf der glatten Oberfläche ab. Aber er gibt nicht auf. Er ignoriert die Schmerzen und die stechende Sonne, die in seine Augen brennt.

Als er schließlich oben angekommen ist, steht ihm der Atem still. Er fühlt sich schwach, die Beine sacken ihm weg, reglos liegt er keuchend auf dem heißen Gestein und blickt auf das Tal, das sich sanft wie ein frisch gemachtes Bett unter ihm ausbreitet.

Ich kann nicht mehr, denkt er, ich kann nicht mehr, aber ich will, ich muss.

Der junge Mann, schätzungsweise Mitte zwanzig, ist

dünn, klein und unscheinbar. Die Schule hat er erfolglos abgebrochen, mit seinen Händen ist er ungeschickt, Freunde hat er keine. Mädchen gehen ihm aus dem Weg. Der junge Mann ist ein Einzelgänger. Seine Eltern haben die Hoffnung in ihren Sohn längst aufgegeben. Nie ist er zu etwas zu gebrauchen. Außer als Ministrant in der Kirche, was er mit Freude macht. Ansonsten ist mit dem jungen Mann nicht viel los. Nie hilft er seinem Vater auf den Feldern oder zeigt sich sonst irgendwie nützlich, sondern sitzt nur gelangweilt unter dem großen Mangobaum der Familie und grübelt vor sich hin. Über was, darüber spricht er nie. Manchmal geht er auch nur stundenlang spazieren. Die Straße nach links oder über eine Brücke die Straße nach rechts. Staubige Pfade entlang. Ziellos. Für seine Gemeinde ist der junge Mann so wertvoll und vielversprechend wie ein Kropf.

Das Einzige, woran sich das Dorf noch heute erinnert, ist der eigentümliche Sinn für Humor, den der junge Mann einst hatte. So wickelte er sich beispielsweise in Bananenblätter ein und versteckte sich in den Büschen. Wenn eine Gruppe von jungen Mädchen vom Markt zurück nach Odek ging, sprang er ihnen in den Weg, fuchtelte wild mit den Armen vor ihren Augen herum und schrie. Die Mädchen blieben verdutzt stehen und blickten den armen Irren mitleidig an. Vermutlich, weil er regelmäßig vergaß, seinen Unterleib zu umwickeln, und seine recht ausgeprägten Genitalien frei zwischen seinen Beinen baumelten, was die Frauen mit einem Grinsen kommentierten. Seinem Vater war all dies natürlich äußerst peinlich.

Als der junge Mann an diesem Mittwoch nicht wieder nach Hause zurückkehrt, zerschlägt sein Vater in guter Tradition aus Freude nicht zwei, sondern gleich acht Eier, um den Geistern deutlich zu machen, dass er seinen Sohn auch wirklich nicht wiederhaben möchte und gut auf ihn verzichten kann. Die Mutter des jungen Mannes singt ein Freudenlied. Der Dorfälteste lässt eine Kuh schlachten.

„Er war ein Nichtsnutz, ein Versager", wird später ein ehemaliger Klassenkamerad über ihn sagen, aber nur hinter vorgehaltener Hand, weil auch er ihn, den gewöhnlichen Nichtsnutz und Versager, inzwischen zu fürchten gelernt hat, zwanzig Jahre, nachdem der junge Mann auf den Felsen bei Odek geklettert ist.

Nachdem der junge Mann seine Kräfte gesammelt hat, zieht er sich seine zerschundenen Kleider aus und geht zu einem kleinen Tümpel mit Regenwasser, der sich auf dem Felsen gebildet hat. Er kniet sich über das Wasser, greift mit seinen Händen in das Nass und besprenkelt erst sein Gesicht und reibt dann seinen ganzen Körper damit ein.

„Ab heute bin ich rein. Ab heute werde ich ein anderer Mensch sein. Ab heute werde ich mein Volk aus der Unterdrückung in die Freiheit führen. Kein anderer Mensch wird diesen Kampf führen können. Es wird keine anderen Führer geben neben mir. Gott wird mir helfen, das Licht der Erkenntnis zu finden. Ich werde mein Volk in dieses Licht führen, damit wir wieder zu einem starken Volk werden. Ich werde keine Menschen töten. Ich werde nur böse Menschen töten. Das schwöre ich. Hier und heute", sagt der junge Mann, während er sich immer wieder mit dem Wasser auf der nackten Haut, durch die sich seine Knochen drücken, bekreuzigt.

Er sagt: „Ihr Kinder Afrikas. Gott hat mich geschickt, um euch zu fragen: Wer ist für das Blutvergießen unter euch verantwortlich? Wie lautet eure Antwort? Ihr seid nicht verantwortlich. Wer denn? Die Teufel? Welche Teufel? Ich komme, um euch von ihnen zu befreien. Von euren Sünden, denn auch ihr seid Sünder. Ich komme, um euch, das Volk der Acholi, von euren Sünden reinzuwaschen."

Gut eine Stunde später verlässt der junge Mann den Felsen. Er fühlt sich stark und außergewöhnlich, als ob eine göttliche Kraft in ihn gedrungen ist und von ihm Besitz ergriffen hat. Der junge Mann, der noch vor einer Stunde keuchend den Felsen erklommen hat, kommt sich nun erhaben und übermenschlich vor. Unverwundbar und siegessicher. Wie ein Prophet, dessen Aufgabe es nun ist, andere Menschen um sich zu scharen und ihnen den richtigen, den einzigen Weg zu weisen. Der junge Mann weiß, er wird es schaffen.

Ob er einfach nur Glück hat oder nur zur richtigen Zeit am richtigen Ort ist, sei dahingestellt. Es spielt keine Rolle. Wichtig ist lediglich, dass der junge Mann wenige Tage nach seiner Rückkehr vom Felsen die Führung einer sich auflösenden Partisanengruppe übernimmt. Sie nennt sich die Bewegung des Heiligen Geistes und hat gerade eine bittere Niederlage gegen die Regierungstruppen Ugandas erlitten. Ihre Führerin, Alice Lakwena, ist ins Exil nach Kenia geflohen. Ihr Feldzug gegen die Regierung des Südens ist gescheitert.

Der junge Mann nutzt die Gunst der Stunde. Er gibt den Soldaten neuen Mut. Er gibt ihnen Kraft. Er gibt ihnen den verlorenen Glauben an sich und ihre Sache zurück. Er verspricht den Acholi des Nordens den Sieg über die Unterdrücker des Südens. Die Partisanen folgen dem jungen Mann aus Odek. Seine Armee tauft er die Widerstandsarmee des Herrn. Der junge Mann wird ihr Führer und Verführer, er wird sein Volk aber nicht wie versprochen ins Licht führen, sondern dahinter. In eine immerwährende Dunkelheit.

In den kommenden Monaten wird er Uganda in einen über zwanzigjährigen Bürgerkrieg verstricken, wie ihn das neuzeitliche Afrika selten, wenn überhaupt, je gesehen hat. Seine Armee wird fast ausschließlich aus Kindern bestehen, die er zu Werkzeugen des Tötens macht. Er wird sie zu unbeschreiblichen Gräueltaten zwingen, die einen ganzen Landstrich über Generationen traumatisieren werden. Im Namen des Herrn, den er für seine Zwecke missbraucht.

Immer wieder wird der junge Mann, der sich zu einem der brutalsten Rebellenführer Afrikas entwickeln wird, zu dem Felsen bei Odek zurückkehren. Immer wieder wird er ihn allein erklimmen. Immer wieder wird er sich mit Regenwasser, das für ihn heilige Kräfte hat, reinwaschen und diese Worte wiederholen: „Ich bin rein. Alle anderen sind unrein. Ich werde keine Menschen töten. Ich werde nur böse Menschen töten."

Sein Name ist Joseph Kony.

1.

Am frühen Morgen des 12. Dezember 1996 weiß Hope noch nicht, dass sich ihr Leben in nur siebzehn Stunden für immer verändern wird.

Für Hope beginnt dieser Tag bei Sonnenaufgang. Wie jeden Morgen steht sie gegen fünf Uhr auf. Hope hat in den einzigen Kleidungsstücken geschlafen, die sie besitzt: ihrer Schuluniform. Ein brauner Rock. Eine weiße Bluse. Weiße Kniestrümpfe.

Hope hofft, dass dieser Tag, ein Donnerstag, ein guter Tag werden wird.

Hope rollt die Strohmatte, die als Bett dient, zusammen, klopft den Staub ab und legt sie wieder auf den Boden. Sie zieht sich die abgetragenen schwarzen Halbschuhe aus billigem Plastik an und blickt auf eine rote Rose, die sie mit Kreide an die Wand neben der Schlafstätte gezeichnet hat. So, dass sie die Blume vorm Einschlafen immer gut sehen kann.

Ich liebe diese Rose, denkt Hope.

Die Blume erinnert sie an die Geschichte von der Rose und dem Schmetterling. Es ist Hopes Lieblingsgeschichte, die sie aus der Schule kennt.

Unter der Rose liegt ein kleiner Stoffbeutel. Darin bewahrt Hope ihre Ersparnisse auf. Es sind nur wenige Schillinge. Aber Hope hofft, dass es am Ende des Tages mehr sein werden.

Hope öffnet die Holztür, die *kika*, die aus Ästen zusammengebunden ist, und geht hinaus. Ihre vier Schwestern, mit denen sich Hope die Hütte teilt, schlafen noch. Draußen ist es warm und still. Es ist Trockenzeit im Norden Ugandas.

Hope streckt sich, gähnt laut und bewundert den Mangobaum, der zwischen den vier Lehmhütten der Familie steht: eine für die Mädchen, eine für die Jungen, eine für die Eltern und eine für die Großeltern.

Die Früchte des Baumes sind fast reif. Hope freut sich auf den Geschmack der Mangos, die sie bald ernten darf. Süß werden sie schmecken. Der Saft der Mangos wird ihre Finger verkleben und das Fleisch der Früchte wird sich zwischen ihren Zähnen verfangen.

Wunderbar, denkt Hope und rennt flink zu dem Brunnen, der sich zum Glück nur wenige Meter von den Hütten der Familie befindet.

Hope spritzt sich ein wenig Wasser ins Gesicht, füllt den Eimer und trägt ihn zurück zu den Hütten, damit sich die anderen daraus waschen können, wenn sie aufstehen.

„Ich gehe zum Markt", ruft Hope anschließend den noch schlafenden Eltern zu.

„Viel Glück", ruft ihr Vater aus seiner Hütte.

„Danke", antwortet Hope und lacht.

Die Straße zum Markt in Ayam ist sicher, sagen die Leute. Hopes Eltern brauchen sich demnach keine Sorgen um ihre Tochter zu machen. Außerdem hat sie ihren Eltern am Abend zuvor gesagt, was sie heute geplant hat. Hopes Vater ist damit einverstanden gewesen.

„Du bist zwar unser zweitältestes Kind und ein Mädchen, aber immer die Erste und Beste", sagt der Vater oft. „Voller Energie und Leben. Es ist ein Segen, dich zu haben."

Hope wird sehr verlegen, wenn ihr Vater sie lobt. Wie zwölfjährige Mädchen halt so sind.

Hope hebt eine blaue Plastikschale mit noch grünen Tomaten vom Boden neben ihrer Hütte auf, um diese auf dem Markt zu verkaufen. Hope träumt von einem weißen Kleid, das sie sich am liebsten schon dieses Jahr zu Weihnachten kaufen möchte, um schön auszusehen im Kirchenchor, in dem sie jeden Sonntag singt.

Nicht immer nur diese Sachen hier anhaben, nein, denkt Hope, endlich einmal etwas Schönes tragen und wie eine echte Prinzessin aussehen.

Die Eltern können Hope diesen Wunsch nicht erfüllen. Die Schuluniform, obwohl gebraucht gekauft, ist bereits teuer genug für sie gewesen. Mehr ist beim besten Willen nicht zu machen. Für die braunen Lederstiefel, die eigentlich zu der Uniform gehören und die auch gegen Schlangenbisse schützen sollen, hat es schon nicht mehr gereicht. Deshalb trägt Hope nur Plastikschuhe, und auch die fallen schon fast auseinander. Oft läuft Hope nur barfuß.

Hope geht es gut an diesem friedlichen Morgen im Dezember. Die Sonne scheint. Seit neun Tagen sind Ferien. Knapp zwei Monate schulfrei liegen noch vor ihr. Weder Hopes Mutter noch ihr Vater haben ihr heute Aufgaben gegeben. Hope muss nicht putzen, Holzkohle heranschleppen, auf den Feldern arbeiten oder die Hühner füttern. Dieser Tag gehört Hope. Das ist etwas Besonderes. Hope weiß das zu schätzen. Sie freut sich.

Schnellen Schrittes geht Hope die sechs Kilometer bis zum Markt. Vorbei an den Nachbarhütten, aus denen der Qualm der Feuerstätten in den Himmel zieht. Ab und zu prescht ein hupender, mit Menschen und Tieren völlig überfüllter Bus an Hope vorbei, meist aber sind es nur Fahrräder, *boda-boda*-Taxis, denen Hope auf der mit Schlaglöchern verzierten Straße immer wieder Platz machen muss.

„Hey, du hübsches Ding, pass doch auf“, rufen ihr die jungen Burschen auf den Fahrrädern zu und grinsen dabei frech.

Hope ist schön gewachsen, schlank und groß. Ihre Haare sind kurz und gepflegt, die Zähne schneeweiß und eben. Es ist kein Wunder, dass sich die Jungen nach ihr umgucken.

Hope beachtet die Jungen auf ihren Fahrrädern aber nicht. Das Mädchen ist zu sehr damit beschäftigt, die Schale mit den Tomaten in seinen Händen zu balancieren, damit diese nicht hinauskullern.

Als Hope schließlich den Markt erreicht hat, herrscht dort schon ein reges Treiben. Frauen verkaufen getrockneten Fisch, Tomaten, Ananas, Mehl und Maniokwurzeln. Männer bieten Plastikschüsseln, Stoffe, Taschen, Schuhe, Hosen und allerlei Werkzeuge an. Es duftet nach Kräutern und Gewürzen, nach gebratenem Huhn, Knoblauch und Zwiebeln.

Hope sucht sich einen Platz am Rande des Marktes und setzt sich auf den Boden. Sie stellt die Schüssel vor sich auf den Boden und wartet auf Kunden.

Ab und zu stoppt jemand, blickt auf das unreife Gemüse und geht weiter. Einige Frauen schütteln den Kopf und blicken mitleidig auf Hope, die ihnen aber immer wieder ein Lächeln schenkt.

„Guten Morgen“, sagt Hope, „auch meine Tomaten werden bald rot.“ Die Marktbesucher antworten mit einem Brummeln, wenn überhaupt.

Davon lässt sich Hope aber nicht entmutigen. Das weiße Kleid ist ihr Ziel. Dafür lohnt es sich, zu Fremden freundlich zu sein.

Die Komplimente, die Hopes Vater ihr immer wieder macht, machen sie zwar oft verlegen, dennoch weiß Hope schon früh, wie sie entschlossen, wenngleich freundlich wirken kann. In der Schule zum Beispiel. Oder im Gottesdienst. Für ihr Alter wirkt Hope schon sehr erwachsen.

Doch als es Nachmittag wird und sich die Sonne langsam zu senken beginnt, sitzt Hope noch immer mit der gefüllten Schale Tomaten auf der Straße vor dem Markt. Sie hat keine einzige verkauft und der Markttag nähert sich dem Ende.

Es ist bestimmt schon spät, denkt Hope.

Vor Einbruch der Dunkelheit muss sie zu Hause sein. So lautet die Abmachung mit dem Vater.

Hopes Magen knurrt, sie hat Durst. Doch für Wasser oder gar eine leckere Portion Hühnchen hat sie kein Geld.

Hope isst nur einmal am Tag, wenn überhaupt. Ihre Familie ist sehr arm. Der Vater, ein Tischler, findet kaum Arbeit. Trotzdem muss er sich, seine Frau, die zehn Kinder und die Großeltern ernähren. Es ist ein hartes Leben im Norden Ugandas, wo seit fast zehn Jahren Krieg herrscht. Hope weiß das und versucht ihrer Familie, wann immer sie kann zu helfen. Oft geht Hope nicht in die Schule. Stattdessen arbeitet sie auf den Feldern für ein paar Schillinge am Tag, was ihr Vater im Innersten missbilligt, aber hinnehmen muss, weil er keine andere Wahl hat.

„Du bist die Klügste in der Familie. Du musst weiter in die Schule gehen, studieren, damit wir eines Tages alle etwas davon haben. Es reicht, wenn du uns manchmal an den Nachmittagen, an den Wochenenden und in den Ferien hilfst“, sagt Hopes Vater, ein sanfter, ruhiger Mann, immer wieder. Und Hopes Mutter, ein wenig mollig um die Hüften, aber immer noch sehr schön, fügt gewöhnlich liebevoll hinzu: „Hör auf deinen Vater. Er meint es gut mit dir. Schone dich.“

Nur Hope und ihr älterer Bruder können die Schule besuchen. Für die anderen Kinder hat die Familie kein Schulgeld übrig. Außerdem, was der Vater aber selten sagt, um seine Familie nicht zu verunsichern, fürchtet er um das Leben seiner Tochter, wenn diese zu weit weg von den Hütten der Familie arbeitet. Zu oft hat er Berichte über Kinder gehört, die von Rebellen entführt wurden und nie zu ihren Familien zurückgekehrt sind.

„Wir müssen auf uns aufpassen, damit die Familie zusammenbleibt", sagt er meist nur und versucht den Ernst der Lage vorerst noch zu ignorieren, obwohl einige Dörfer im Auftrag der Regierung in Kampala vor zwei Monaten sogar schon evakuiert und die Menschen, wie es heißt, in sichere Zonen umgesiedelt worden sind.

Dass die Rebellen aber auch diese Siedlungen angreifen und Kinder rauben, schreiben die zensierten Zeitungen in der Hauptstadt selten, wenn überhaupt.

„Aufstände kommen und gehen", sagt Hopes Vater oft resigniert, „zehn, zwanzig, ich weiß nicht mehr, wie viele ich schon gesehen habe, seit Museveni 1986 die Macht übernommen hat. Die meisten waren unbedeutend, dieser aber, seltsam, dieser scheint mir ernster zu sein, gefährlicher."

Selbst in Hopes Schule reden auch die Lehrer immer häufiger von den Rebellen und warnen die Schüler vor ihnen. Gesehen hat sie aber keiner.

„Wer sind die Rebellen", fragte Hope einmal ihren Klassenlehrer, „sind es Menschen?"

„Gute Frage, mein Kind", antwortete der Lehrer, „wenn du älter bist, wirst du es verstehen. Bis dahin pass auf dich auf." Hope versteht nicht, was um sie herum geschieht. Denn keiner erklärt es ihr. Es gibt nur Gerüchte und Warnungen.

Trotzdem, was bleibt Hope übrig. Und ihrem Vater. Die Familie hat keine Alternative. Jeder muss mit anpacken. Die Familie braucht jeden Schilling zum Überleben. Immer wieder müssen Hope und ihre Geschwister auf den Feldern arbeiten.

Nur wenige Tage im Jahr, wenn die Ferien beginnen, darf Hope etwas für sich haben, für sich ganz allein: Zeit, ein bisschen Geld für das Kleid zu verdienen, das sie so gerne haben möchte.

Das weiße Kleid, ihr sehnlichster Wunsch, geht Hope nicht aus dem Kopf. Auch nicht, als sie sich auf den Heimweg vom Markt macht. Die vorbeifahrenden Busse, die sie immerzu in eine Staubwolke hüllen, nimmt Hope nicht wahr. Die erneuten Zurufe der Jungen auf ihren *boda-boda*-Taxis schon gar nicht.

In wenigen Tagen wird Weihnachten sein, denkt Hope, mein gespartes Geld reicht längst nicht aus, um selbst den billigsten Stoff für ein weißes Kleid zu kaufen.

Diese Niederlage tut ihr weh. Trotzdem lässt sich Hope davon nicht entmutigen.

Dann muss ich wohl noch ein Jahr warten, denkt Hope, als sie zurück zu den Hütten ihrer Familie kommt.

Die Dämmerung hat bereits eingesetzt, als Hope die blaue Plastikschale wieder neben die Hütte stellt und mit einem Tuch einwickelt, damit die Ameisen die Tomaten nicht fressen. Sie streift die Plastikschuhe von den Füßen und stellt sie in ihre Hütte.

Barfuß ist immer noch am schönsten, denkt Hope und genießt das Gefühl des warmen Sandes unter ihren Fußsohlen.

Hope beginnt, auf dem Platz zwischen den Hütten der Familie ein Feuer zu machen, um das Abendessen vom vergangenen Tag aufzuwärmen. Wie immer gibt es Maniokbrei. Zucker verleiht dem Ganzen ein wenig Geschmack. An guten Tagen, wenn die Familie beim Abendessen, dem *wangoo*, zusammensitzt, werden zu dem Brei noch ein paar gekochte Hühnerfüße gereicht und vielleicht auch Kartoffeln. Von diesen guten Tagen kennt die Familie aber nur wenige. Auch dieser Abend ist nicht so einer.

„Wie war der Markt?", fragt der Vater.

„Nicht so gut", antwortet Hope.

„Und es wird nicht besser", sagt der Großvater, der sich ein kleines Radio ans Ohr hält, aus dem ein Stimmengewirr krächzt.

„Was meinst du schon wieder?", fragt Hopes Vater leicht irritiert.

„Willst du meine Meinung hören?", fragt der Großvater.

Hope beginnt, allen Schüsseln mit Brei zu reichen.

„Natürlich. Sprich", sagt Hopes Vater, der die Rede des Großvaters schon auswendig kennt, aber aus Höflichkeit vor dem Alter dem Großvater nicht das Wort verbieten will.

Der Großvater macht das Radio aus und legt es neben sich auf den Boden.

„Kampala hat kein Interesse an uns. Das ist doch klar. Wir sind Acholi. Wir sind die Feinde des Südens. Sagen die. Und jetzt bringen wir uns gegenseitig um. Das sagt Präsident Museveni der Weltöffentlichkeit. Dieser Krieg ist unser Problem, sagt er den Vereinten Nationen, das höre ich immer wieder im Radio", sagt der Großvater.

„Ja", sagt der Vater.

„Ja", antwortet der Großvater, „meinst du, der Sicherheitsrat tut etwas? Oder die internationalen Medien? Unsinn. Die denken doch alle, wir sind Wilde. Ach, und unsere Nachbarn, was machen die? Kongo. Sudan. Nichts."

„Ich glaube, du übertreibst", sagt Hopes Vater.

„Wer hört hier den ganzen Tag Radio? Du oder ich? Wer hört der BBC zu? Du oder ich?", antwortet der Großvater.

„Du hast ja Recht", antwortet der Vater, während die anderen still ihren Brei essen.

„Ich weiß noch, wie es vor der Unabhängigkeit von den Briten war. Vor 1962. Da herrschten hier zumindest noch Recht und Ordnung", sagt der Großvater.

„Wir sind frei, ist das nichts?", antwortet Hopes Vater.

„Frei", ruft der Großvater, „frei? Hat uns dieser irre Amin Freiheit gebracht? War Obote ein Mann der Freiheit? Unsinn. Bürgerkriege. Militärputsche. Nord gegen Süd. Stammesfehden. Freiheit? Unsinn. Freiheit haben wir erst, wenn wir uns als ein Land sehen und nicht als Angehörige von Stämmen. Nur das erkennt hier ja keiner. Freiheit? Dass ich nicht lache."

„Du hast ja Recht", wiederholt Hopes Vater und versucht das Gespräch in eine andere Richtung zu lenken. „Dein Tag war also nicht so gut, Hope, dann wird der nächste bestimmt besser."

„Bestimmt", sagt Hope und lächelt.

„Unsinn", schimpft der Großvater, steht auf und geht in seine Hütte. Dann schaltet er das Radio wieder an. Die anderen hören das leise Krächzen der Stimmen.

„Er ist ein alter Mann", sagt Hopes Vater, „wir müssen Geduld mit ihm haben."

„Wer soll nur für uns kochen, wenn du eines Tages nicht mehr bei uns bist?", fragt plötzlich Hopes älterer Bruder James wie aus heiterem Himmel.

Hope blickt ihn böse an.

„Warum sollte ich nicht mehr bei euch sein?", fragt sie gereizt.

„Heute warst du ja auch nicht da", sagt James.

„Lass deine Schwester in Ruhe. Es war kein guter Tag für Hope. Gehen wir schlafen", fährt die Mutter dazwischen. Die anderen Geschwister kichern.

„Gehen wir schlafen", sagt Hopes Vater und beendet das *wangoo* am Feuer.

Der 12. Dezember 1996, obwohl er so gut angefangen hat, ist wirklich kein guter Tag für Hope gewesen und die Nacht sollte noch schlimmer werden. Das ahnt Hope allerdings noch nicht, als sie nach dem gemeinsamen Essen mit der Familie die Teller wäscht und sich dann Füße, Hände und Gesicht abseift, um sauber für die Nacht zu sein.

Anschließend geht Hope in ihre Hütte, schließt die *kika* und breitet die Strohmatte auf dem Boden aus. Ihre Schwestern schlafen bereits. Hope kann ihre Silhouetten, die sich ruhig auf- und ab bewegen, in der Dunkelheit erkennen.

Warum hat James das nur gesagt? Wenn ich nicht mehr bei ihnen bin? Was meint er damit? Und warum war Großvater schon wieder so gereizt? Ich verstehe das nicht, denkt Hope vor dem abendlichen Gebet. Sie flüstert: „Liebe Mutter Maria, beschütze mich und meine Geschwister, meine liebe Mutter, meinen lieben Vater und die Großeltern. Gib uns Kraft und Segen und mir bitte noch ein weißes Kleid. Du weißt, liebe Mutter Maria, ich werde gut darauf aufpassen, damit es nicht schmutzig wird. Ich verspreche dir, ich gehe auch jeden Sonntag in die Kirche, singe für dich und meinen Herrn Jesus Christus. Amen."

Durch die Ritzen des Strohdaches der Hütte scheint der Mond direkt auf die Rose. In der Hütte ist es still. Bis auf das stete Atmen der schlafenden Schwestern ist nichts zu hören. Von draußen nimmt Hope nur das Knistern des Feuers wahr. In den anderen Hütten ist es ebenfalls ruhig geworden. Kein Streiten zwischen den Brüdern. Keine Gespräche zwischen den Eltern. Der Großvater hat das Radio ausgemacht.

Eines Tages werde ich ein weißes Kleid haben, denkt Hope. Wie eine Prinzessin werde ich darin aussehen. Und bestimmt noch viel, viel schöner singen. Alle werden so stolz auf mich sein, besonders mein Vater, denkt Hope, als ihr vor Müdigkeit schon fast die Augen zufallen. Ihr Blick ruht auf der roten Rose. Hope fällt die Geschichte vom Schmetterling und der Rose ein. Aber sie ist zu erschöpft, um sich die Geschichte in Gedanken zu erzählen. Hope schläft ein.

Es muss so gegen zweiundzwanzig Uhr gewesen sein, daran kann sich Hope viele Jahre später noch genau erinnern, als sie die schweren Stiefel hört, die gegen die *kika* ihrer Hütte treten.

2.

Der erste Tritt trifft Hope direkt in den Unterleib. Den zweiten, der mitten in ihren Brustkorb gezielt hat, spürt Hope bereits nicht mehr. Zu stark ist der Schmerz, der in ihren Kopf geschossen ist. Hope muss sich beinahe übergeben.

Fünf Jungen, alle nur um einige Jahre älter als Hope, stehen in ihrer Hütte. Sie tragen abgerissene Camouflageuniformen. Sie riechen stark nach Benzin, Schweiß und Holzkohle. Der größte Junge, der auch die *kika* eingetreten hat, leuchtet den Raum mit einer Taschenlampe aus. Der zweite, der, der Hope zweimal getreten hat, steht mit einer Pistole, einer Makarow, über ihr und zielt direkt auf Hopes Kopf. Der Junge ist kahl geschoren und hat ein von Akne zernarbtes Gesicht.

„Warum heulst du, du Schwein?“, schreit er Hope an. Hope weint.

„Wo ist dein Vater?“, schreit der Junge weiter. „Wo ist euer Geld? Wo sind eure Vorräte? Warum versteckt ihr euch vor uns, ihr Verräter?“

Der dritte Junge, klein, dick, mit rot unterlaufenen Augen, richtet seine Kalaschnikow auf Hopes Schwestern. Er brüllt: „Aufstehen, ihr faulen Schweine. Aufstehen.“ Er prügelt eine nach der anderen aus der Hütte. Die Mädchen kreischen.

„Wo ist dein verfluchtes Geld, du Schwein?“, schreit der Junge mit der Pistole Hope erneut an.

Er kniet sich mit voller Kraft auf Hopes Brustkorb und presst ihr die Pistole zwischen die Brüste. Hope bekommt keine Luft mehr. Sie beginnt zu röcheln und zu husten. Mit ihrer linken Hand greift Hope nach dem kleinen Stoffbeutel, der unter der roten Rose liegt. Der Junge reißt Hope den Beutel aus der Hand.

„Lügnerin", schreit er. „Geld. Ihr lügt alle. Immer ist noch irgendwo Geld da." Er spuckt Hope ins Gesicht, greift sie beim Handgelenk und wirft sie aus der Hütte.

Draußen tritt er Hope bis zum Mangobaum, wo bereits ihre Eltern, Großeltern und die Geschwister auf der Erde kauern. Hope kriecht zu ihrer Familie. Die Jungen und Mädchen weinen. Der Vater versucht, seine Familie mit den Armen zu umschlingen, um sie vor den Angreifern zu schützen. Er zittert. Die Mutter zittert ebenfalls und sagt: „Oh, lieber Gott, bitte stehe uns bei."

„Halt den Mund, du Sau!", brüllt der Junge mit der Pistole und schlägt ihr die Waffe auf den Kopf. Die Mutter wimmert vor Schmerz und fällt gegen ihren Mann. Der Vater blickt die Angreifer wütend an. Hope senkt ihren Blick.

„Du", spricht der Junge den Vater an, „ein Wort und ihr seid alle tot."

Der Vater blickt den Jungen stumm an. Er sagt nichts.

Ringsherum aus den Nachbarhütten hört Hope Schreie. Sie ahnt, dass auch die Nachbarn angegriffen wurden.

Das sind die Rebellen, denkt Hope. Das sind die Rebellen.

Bis auf den Jungen mit der Pistole, der die Geldscheine aus dem Beutel zählt und in seine Hosentasche stopft, plündern die anderen die Hütten der Familie. Insgesamt sind es zwölf Jungen, die Hütte nach Hütte ausräumen. Sie erbeuten nicht viel. Wenige Kleidungsstücke. Einen großen Sack Mehl, einen noch größeren mit Kartoffeln. Sechs Hühner. Maniokwurzeln. Und das Radio des Großvaters.

„Schaut an", sagt der Junge mit der Pistole, als ihm das Radio übergeben wird, „ahnte ich es doch, ihr seid Spione. Die Nachrichten des Feindes interessieren euch, was?"

Die Familie schweigt. Der Junge mit der Pistole wirft ihnen das Radio vor die Füße.

„Wem gehört das Drecksding?", schreit er. Die anderen Jungen gucken die Familie finster an.

„Mir", sagt der Großvater laut und deutlich.

Der Junge mit der Pistole grinst. Er zielt mit seiner Waffe auf den Großvater und schießt ihm direkt zwischen die Augen. Der Großvater bricht in sich zusammen. Alle schreien. Hope weint.

„Hör auf zu heulen, Mädchen!", schreit der Junge mit der Pistole. „Das Schwein ist tot. Du wirst später noch genug zu heulen haben."

Er greift sich den Vater und zerrt ihn vor seine Familie. Die Mutter liegt ohnmächtig zwischen ihren Kindern. Der tote Großvater sitzt mit offenen Augen in sich zusammengesunken am Mangobaum.

„Wo sind die anderen Vorräte?", schreit der Junge und bohrt dem Vater die Pistole in die Stirn.

„Wir haben nicht mehr", antwortet der Vater leise.

„Was sagst du, du Schwein?", brüllt der Junge und tritt dem Vater mit voller Wucht ins Gesicht. Mit einem lauten Knacken bricht seine Nase. Blut läuft ihm über die Lippen und tropft auf die Erde.

„Wir haben nicht mehr", röchelt der Vater und wischt sich mit seinem Handrücken das Blut ab.

„Gut", sagt der Junge und zeigt auf den Vater, Hope und ihren Bruder James.

„Die nehmen wir mit. Die sind kräftig genug", befiehlt er.

Die anderen Rebellen zerren Hope, James und ihren Vater von der Gruppe weg. Die Kinder weinen. Sie bleiben bei ihrer bewusstlosen Mutter, der zitternden Großmutter und dem toten Großvater.

Hope wird der Sack Mehl ans Handgelenk geschnürt und auf den Rücken geworfen. Dem Vater werden die Kartoffeln auf den Rücken geschnallt. Unter dem Gewicht bricht er fast zusammen. Wegen der gebrochenen Nase kann er kaum atmen. Immer wieder spuckt er Blut auf den Boden. James muss die zusammengerollten Kleidungsstücke tragen. Zwei der Jungen binden die Gefangenen mit einem Strick aneinander.

„Los. Es warten noch mehr", kommandiert der Junge und fuchtelt mit der Pistole.

Nach wenigen Metern trifft die Gruppe auf weitere mit einem Strick aneinander gebundene Kinder, die bereits auf den Abmarsch warten, angetrieben von mit Kalaschnikows bewaffneten Kindersoldaten, die meist nicht viel älter als ihre Gefangenen sind.

Es ist noch immer Donnerstag, der 12. Dezember 1996. Es ist kurz nach zweiundzwanzig Uhr. Kaum fünf Minuten sind vergangen, seit die fünf Jungen in Hopes Hütte eingedrungen sind und sich ihr Leben für immer verändert hat.

Insgesamt sind es siebenunddreißig Kinder und ein Mann, die an diesem Abend bei Ayam im Norden Ugandas entführt werden, dem Land der Volksgruppe der Acholi.

Siebenundzwanzig von ihnen werden nach vierzehn Tagen Fußmarsch Lubanga Tek im Südsudan erreichen, das Hauptquartier der Widerstandsarmee des Herrn.

Nur sieben von ihnen überleben die ersten Tage im Lager. Hope wird dazugehören, James auch. Ihr Vater wird es nicht einmal bis zur Grenze schaffen.

❖ ❖ ❖

Ihren rechten Arm, der nach hinten gebunden unter dem Sack Mehl ruht, kann Hope schon nach wenigen Stunden nicht mehr spüren. Schritt für Schritt setzt sie ihre Füße auf die rote Erde, um dem schnellen Tempo standzuhalten, das der Anführer der Rebellengruppe vorgibt, der Junge, der ihr so heftig in den Unterleib getreten hat.

„Los, ihr Schweine, lauft!", schreit er die Gruppe an.

Hope ist barfuß. Einer der Angreifer, der dicke Junge mit den blutunterlaufenen Augen, hat ihr die Plastikschuhe weggenommen. Der Junge trägt sie jetzt an seinen Füßen.

Hope glaubt, den Jungen zu kennen.

Ist er nicht vor wenigen Monaten ganz in der Nähe von uns entführt worden?, denkt sie. Und jetzt überfällt er seine Nachbarn? Was stimmt nicht mit ihm?, fragt sie sich, bis ein stechender Schmerz in ihre Füße fährt, der die Gedanken sofort wegwischt.

Immer wieder bohren sich Dornen, zum Teil so dick wie Hopes kleiner Finger, in ihre Fußsohlen. Doch die Furcht vor den Jungen in ihren Camouflageuniformen und mit ihren Kalaschnikows im Anschlag ist größer als der Schmerz.

Um an ihre Mutter, den toten Großvater, ihre Großmutter und die anderen Geschwister zu denken, hat Hope keine Kraft.

Ich hoffe, meinem Vater geht es gut und James, kann sich Hope gerade noch sorgen.

Beide, Hopes Vater und James, stöhnen, aber marschieren stetig weiter. Wie die anderen Kinder auch.

„Los, ihr faulen Schweine, geht!", schreit der Junge mit der Pistole die Karawane immer wieder an. „Wer redet, wird erschossen", fügt er bestimmt hinzu.

Der Junge meint es ernst. Die Kinder spüren das. Keiner wagt es, auch nur einen Ton zu sagen. Auch die anderen Rebellen sind mucksmäuschenstill. Ihr Anführer hat Autorität. Sie fürchten ihn und sein wildes Temperament. Gewissenhaft richten sie ihre Waffen auf die Kinder.

Jeder Fluchtversuch wäre zwecklos. Ihre Bewacher würden sofort schießen. In den Gesichtern der Rebellen spiegelt sich kein Funken Menschlichkeit.

Sie haben reglose Fratzen, es sind keine Menschen, denkt Hope wütend.

Die Gefangenen husten und keuchen. Hope auch. Alle tragen schwere Lasten. Säcke mit Lebensmitteln, Kleidungsstücken oder Holzkohle. Am Gürtel des Anführers baumelt das Radio des toten Großvaters. Er hat es sich als Trophäe mitgenommen. Alles, was die Rebellen in dieser Nacht bei Ayam erbeutet haben, müssen die Kinder über eine Strecke von mehr als dreihundertfünfzig Kilometern in den Südsudan schleppen. Von Ayam nach Agoro, wo die Gruppe einen Haken in Richtung Weißer Nil schlägt und von wo aus es dann wieder nach Norden geht.

„Nur die Besten von euch kommen mit uns. Die Schwachen müssen sterben. Also strengt euch an", sagt der Junge mit der Pistole, dessen Aufgabe es ist, nur kräftige Kinder mit nach Lubanga Tek zu bringen. Der Gewaltmarsch, etwa fünfundzwanzig Kilometer pro Tag, ist ein Test. Er dient der ersten Selektion.

❖ ❖ ❖

Zwei Brüder, beide nicht älter als zehn, fallen dem Test schon bald zum Opfer. Nach fünf Stunden Fußmarsch, es ist etwa gegen drei Uhr morgens, brechen sie unter ihrem schweren Gepäck zusammen. Die Gruppe muss anhalten.

„Was ist mit euch?“, schreit der Junge mit der Pistole.

Die Kinder husten und keuchen.

„Die beiden Schweine hier können nicht mehr“, sagt der Junge mit dem vernarbten Gesicht.

Der Anführer guckt die Jungen verächtlich an.

„Losschneiden“, befiehlt er.

Hope blickt erschöpft auf den Boden und versucht, ihre Kräfte zu sammeln.

Zwei Rebellen schneiden die Jungen los und binden den Strick wieder zusammen. Die Lasten der beiden Jungen werden auf die anderen Kinder verteilt.

„Hinknien. Gesicht auf den Boden!“, schreit der Anführer die Jungen an.

Sie gehorchen. Sie weinen und betteln: „Nein, bitte nicht. Wir gehen ja weiter.“

„Unsinn“, sagt der Anführer, „ihr seid zu schwach.“

Hope zittert vor Angst.

„Schaut her, ihr Schweine. Seht, was wir mit Verrätern, die uns bremsen, machen“, sagt der Anführer. Nacheinander schießt er den Jungen in ihre Hinterköpfe. Sie bleiben reglos auf dem Boden liegen. Blut und Gehirnmasse sickern aus ihren aufgeplatzten Köpfen.

„Schwächlinge“, sagt der Anführer und tritt mit seinen schweren Stiefeln auf die Köpfe der toten Jungen.

„Jetzt sind sie wirklich tot“, sagt er und wischt sich die Stiefel im hohen Gras ab.

Die Kinder wimmern vor Angst.

„Sechs Patronen sind noch im Magazin. Lauft!“, befiehlt der Anführer, ohne die Kinder anzusehen.

Hope zwingt sich auf die Füße.

Das können keine Menschen sein, denkt sie, das sind keine Menschen.

❖ ❖ ❖

Bei Sonnenaufgang dürfen die Kinder die erste Pause machen. Die Rebellen stärken sich mit Wasser und den gestohlenen Lebensmitteln. Ihre Gefangenen bekommen nichts. Die Kinder haben Hunger und Durst, aber niemand wagt es auch nur, nach Wasser oder etwas Essbarem zu fragen. Sie fürchten sich.

„Trinkt eure Pisse, ihr Schweine, los“, befiehlt der Junge mit der Pistole, während er an einer Tomate lutscht. „Trinkt, sonst knall ich euch ab.“

Hopes Lippen sind trocken. Sie hat schrecklichen Durst. Seit dem Abendessen hat sie nichts mehr getrunken.

„Los, Mädchen, trink“, befiehlt ihr der Anführer.

Hope wirft ihre Ladung vom Rücken und hockt sich auf den Boden. Sie krempelt den Rock hoch und uriniert in ihre Hände. Der Urin riecht bitter. Hope hebt die Hände an den Mund und trinkt, spuckt den Urin aber gleich wieder aus.

„Du feiges Schwein!“, schreit der Anführer Hope an und tritt sie gegen die Schulter.

Hope verliert das Gleichgewicht und fällt zu Boden. Weder ihr Vater noch James können Hope helfen. Es wäre ihr Todesurteil. Das wissen sie.

„Es tut mir so leid“, flüstert Hopes Vater seiner Tochter zu.

„Vielleicht schmeckt dir meine Pisse besser, du Schwein“, sagt der Anführer zu Hope.

Er stopft sich den Rest der Tomate in den Mund, stellt sich über Hope und macht sich die Hose auf. Dann uriniert er über ihr Gesicht. Hope schließt die Augen. Sie schmeckt den Urin des Jungen in ihrem Mund, die Flüssigkeit fließt in ihre Nase und in die Augen. Hope weint.

„Jetzt hast du keinen Durst mehr, was", sagt der Anführer, während er sich die Hose wieder zuknöpft.

„Schlaft jetzt, ihr Schweine", befiehlt er der Gruppe. „Wir gehen gleich weiter."

❖ ❖ ❖

Etwa zwei Stunden später wacht Hope auf, geweckt vom Geräusch eines tief fliegenden Flugzeugs.

Wir sind gerettet, denkt sie, die Armee kommt und holt uns.

Sie irrt sich.

„In die Büsche", schreit der Anführer. Den Rebellen befiehlt er: „Schießt, ihr Feiglinge, schießt!"

Die Kinder robben in die Büsche. Die Rebellen heben ihre Kalaschnikows gen Himmel und schießen auf das Flugzeug, das dicht über ihnen hinwegzieht. Sie treffen es nicht.

„Die Schweine kommen gleich wieder", ruft der Anführer den Rebellen zu. Alle hocken auf der Erde und richten ihre Waffen nach oben. Hope hört, wie sich das Flugzeug erneut nähert. Dieses Mal sind es aber nicht die Rebellen, die das Feuer eröffnen. Hunderte von Kugeln prasseln vom Himmel und schlagen neben den Kindern ein. Alle schreien. Vier der Gefangenen werden von den Kugeln zerfetzt. Zwei Rebellen ebenfalls. Die Gruppe bleibt reglos auf dem Boden liegen.

„Feuer einstellen", befiehlt der Anführer, ohne zu ahnen, dass seine Rebellen gar nicht geschossen haben. Er liegt flach auf dem Boden. Gesicht nach unten.

Das Flugzeug dreht eine weitere Runde. Durch den dichten Busch kann der Pilot aber kein konkretes Ziel ausmachen. Er sieht nichts.

Zwecklos, denkt er und dreht ab.

Einige Minuten später steht der Anführer auf und wischt sich den Staub von seiner Uniform.

„Seht, was die Schweine mit euch machen. Sie bringen euch und uns um. Sie sind unsere Feinde“, sagt er und zeigt auf die toten Kinder, die mit zerfetzten Leibern im Gestrüpp liegen, umwickelt von ihren eigenen Innereien.

Die überlebenden Kinder stehen auf. Einige wimmern. Die meisten sind still.

„Schneidet die Toten los und dann weiter“, befiehlt der Anführer.

„Und was ist mit denen?“, sagt einer der Rebellen und zeigt auf seine toten Kameraden.

„Waffen abnehmen und los. Oder willst du dich zu ihnen legen“, zischt der Anführer.

❖ ❖ ❖

Gegen Mittag ist die Sonne so heiß, dass Hopes Vater nicht mehr laufen kann. Seine Beine sind angeschwollen, die Lippen von der Hitze aufgeplatzt. Wegen der gebrochenen Nase kann er kaum atmen. Hopes Vater stolpert und fällt auf die Erde. Dabei reißt er die Kinder mit sich.

Bitte, Vater, steh auf, denkt Hope.

Der Anführer blickt auf Hopes Vater und befiehlt: „Schneidet sie los. Das Mädchen und ihren erbärmlichen Vater.“

Am Bein zieht er Hopes Vater vor die Gruppe und sagt: „Männer wie dieses Schwein hier haben keinen Platz bei uns. Sie sind schwach und dumm. Sie verdienen es nicht, unserer guten Sache anzugehören. Sie sind Dreck.“

Er schlägt dem Vater mit der Pistole auf die gebrochene Nase. Hopes Vater schreit vor Schmerz.

Mein Gott, denkt Hope und versucht, nicht hinzusehen.

„Du, Mädchen", schreit der Anführer Hope an. „Schlag das Schwein tot. Dann haben wir endlich Ruhe vor dem Schwächling."

Hope versteht nicht. Was soll ich tun?, denkt sie.

„Bist du taub und dumm!", brüllt der Anführer und zerrt Hope neben ihren Vater, der sie erschöpft anblickt.

„Du sollst das Schwein totschlagen", wiederholt der Anführer. „Tritt es tot. Schlag es tot. Los."

„Bitte nicht, was haben wir euch denn getan", bettelt Hopes Vater. Es hat keinen Sinn. Sein Schicksal ist besiegelt.

Hope fängt an zu weinen. Sie zögert. Dann beginnt sie, ihren Vater in den Bauch zu treten. Erst vorsichtig. Einmal. Zweimal. Dann immer heftiger.

„Sehr gut", sagt der Anführer, „nun spring auf seinen Kopf."

Hope schaut dem Anführer in die Augen.

„Wenn du nicht gleich machst, was ich dir befehle, bist du als Nächstes dran. Und dein blöder Bruder auch", sagt der Anführer.

Hope gehorcht. Immer wieder springt sie auf den Kopf ihres Vaters. Sie tritt ihm ins Gesicht, gegen die Ohren, gegen das gebrochene Nasenbein. Wieder und wieder. Blut spritzt auf die rote Erde. Mehr und mehr schwillt der Kopf ihres Vaters an. Seine Augen sind halb geöffnet und blutunterlaufen. Er stöhnt und ächzt. Eine halbe Stunde später gibt er keinen Laut mehr von sich. Wie tot liegt er auf der Erde. Hope lässt sich neben ihn zu Boden fallen und weint.

„Für Schweine wie dieses hier ist jede Kugel zu schade", sagt der Anführer und tritt Hopes Vater ein letztes Mal gegen den Schädel.

Hope wird zurück zu den anderen Kindern geführt. Die

Gruppe muss ihre Lasten aufnehmen und weitermarschieren. Hope weint leise. Ihr Bruder James gibt keinen Laut von sich.

„Mädchen, gut gemacht", sagt der Anführer, „du wirst ein guter Soldat werden. Du hast Kraft und Mut. Deinen eigenen Vater zu erschlagen, dazu gehört schon was."

Hope stockt der Atem.

Was habe ich nur gemacht, denkt sie. Ich habe meinen Vater getötet. Ich habe meinen eigenen Vater ermordet. Er war immer so gut zu mir. Er war gut zu uns. Meine Mutter wird mir das niemals verzeihen. Gott wird mir das niemals verzeihen. Ich möchte sterben. Ich kann so nicht mehr leben. Was habe ich nur gemacht?

Hope kann in diesem Moment nichts anderes tun, als weiterzulaufen. Schritt für Schritt. Sie geht und geht, ohne sich nach ihrem Vater umzuschauen.

Hopes Vater bleibt reglos am Boden zurück. Schwerstverletzt, aber nicht tot, wie der Anführer glaubte. Soldaten der ugandischen Armee, die bei einer Patrouille zufällig auf ihn stoßen, bringen ihn in eine Krankenstation, wo Sanitäter ihn gesund pflegen. Hopes Vater wird sich von den Schlägen aber nie wieder richtig erholen und für den Rest seines Lebens halbseitig gelähmt bleiben.

❖ ❖ ❖

Am siebten Tag erreicht die Gruppe den Weißen Nil, die natürliche Grenze zum Südsudan. Auf ihrem Weg dorthin sind den Kindern keine Menschen begegnet. Auch keine Soldaten der ugandischen Armee, nach denen die Rebellen immer wieder Ausschau gehalten haben. Bis auf den Flugzeugangriff ist ihnen nichts passiert.

Am Fluss stürzen die Kinder wie wild zum Ufer, um zum ersten Mal seit Tagen wieder Wasser und nicht ihren Urin zu trinken. Sie stecken ihre Köpfe ins kühle Wasser. Wie Vieh an der Tränke hocken sie am Boden und lechzen nach dem nächsten Schluck. Doch nach wenigen Minuten werden sie von den Rebellen durch den Nil getrieben.

„Los, ihr Schweine. Wir dürfen keine Zeit verlieren. Euer neues Leben erwartet euch", schreit der Anführer.

Die Kinder stolpern in den Nil. Unter den schweren Lasten ertrinken vier von ihnen. Die Rebellen retten noch die Vorräte, die auf die Rücken der Kinder gebunden sind. Die Leichen lassen sie den Fluss hinuntertreiben.

„Es gibt noch mehr Kinder in Uganda. Diese waren es nicht wert. Zu schwach. Schaut euch die Schwächlinge an. Tot sind sie jetzt. Tot und nutzlos", sagt der Anführer und schießt in die wegtreibenden Leichen.

Gut einhundertachtzig Kilometer marschiert die Gruppe noch, bis sie das Hauptquartier der Widerstandsarmee des Herrn erreicht hat. Sie passiert sechs Kontrollpunkte der Rebellen, wo überprüft wird, dass die Gruppe tatsächlich aus neuen Rekruten besteht und nicht aus Soldaten der ugandischen Armee, die das Lager überfallen wollen.

Am Samstag, dem 26. Dezember 1998, zwei Tage nach Heiligabend, erreichen Hope, James und fünfundzwanzig neue Kindersoldaten Lubanga Tek. Die zurückliegenden vierzehn Tage sind erst der Weg in die Hölle gewesen. Viel Schlimmeres steht den Kindern noch bevor.

3.

Vincent Otii blickt zufrieden auf die Holzkisten, die vor ihm im Staub stehen.

„Wurde auch Zeit", sagt er zu einem Araber, Ali Abdul-Hameed, der ihn ernst anblickt und nichts erwidert.

„Wenn Khartum weiter so langsam mit den Lieferungen ist, könnt ihr euren Krieg hier bald allein führen", provoziert Otii Abdul-Hameed, ohne ihn dabei anzusehen. Stattdessen bricht er die ersten Kisten mit einer Brechstange auf. Zum Vorschein kommen ungarische AKM-63, jugoslawische M 70, polnische PMK, alles Geschwister des AK-47, auch Kalaschnikow genannt. Millionen von ihnen haben ihren Weg nach dem Zusammenbruch der Sowjetunion nach Afrika gefunden. Jedes Kind kann sie bedienen. Sie ist billig zu haben. Kaum kaputtzukriegen. Nur fünf Kilogramm schwer. Selbst verschlammt und nass funktioniert sie noch einwandfrei. Fast jede Rebellengruppe der Welt benutzt sie.

Otii nimmt sich eine der Kalaschnikows, steckt ein Magazin hinein, stellt die Waffe auf Einzelfeuer und zielt auf eine Gruppe von Mädchen, die etwa hundert Meter entfernt Wäsche waschen.

Er blickt Abdul-Hameed an, lächelt und zielt auf ein etwa zehnjähriges Mädchen in der Gruppe. Otii drückt ab und trifft das Kind mitten in den Hinterkopf. Es fällt auf den Boden und stirbt. Die anderen Mädchen schleppen es weg.

„Gutes Material", sagt Otii und wirft die Kalaschnikow zurück in die Holzkiste.

„Selbstverständlich. Tausend Stück. Mehr kommen noch“, sagt Abdul-Hameed zu Vincent Otii. Er ist der stellvertretende Führer der Widerstandsarmee des Herrn. Ein erfahrener Soldat, ein Militär, der bereits seit Mitte der achtziger Jahre gegen Präsident Museveni rebelliert.

Otii weiß, wie er Waffen organisieren kann, wie eine Armee im Busch überlebt, was Disziplin ausmacht und wie gezielter Terror ein ganzes Land erschüttert. Wenige Jahre später wird Kony ihm sogar den Titel Generalleutnant verleihen.

Otiis jahrelange Erfahrung lässt ihn unter den schlimmsten Bedingungen überleben, ja, er fühlt sich dadurch noch stärker, fast unverwundbar. Diese Regel gilt für ihn wie für seine Untergebenen, die nur Mittel zum Zweck sind. Jeder ist ersetzbar. Soziale Bindungen oder Freundschaften existieren für Otii nicht. Otii ist Mitte vierzig, schlank und kräftig. Ein Kämpfer durch und durch.

Von Joseph Kony, dem eigentlichen Chef der Widerstandsarmee des Herrn, hält er wenig. Sein religiöses Gerede macht Otii schwindelig. Otii ist ein Mann klarer Worte und Ziele. Kony hat von beidem wenig zu bieten.

„Trinken wir einen Tee“, schlägt Otii dem arabischen Gast vor.

„Gerne“, sagt der. „Wann werde ich Kony treffen?“

„Er ist sehr beschäftigt“, antwortet Otii und führt Abdul-Hameed in seine Unterkunft, ein großes, gemütliches Zelt.

„Ich habe Neuigkeiten aus Khartum“, sagt Abdul-Hameed. Er ist ein Vertrauter von Hassan el Tourabi, Führer der radikalen Nationalen Islamitischen Front.

„Ja“, sagt Otii, während eine Kindersoldatin Tee serviert.

Abdul-Hameed blickt das Mädchen an und lächelt.

„Palutaka. Parajok. Amer. Atebi. Laboni. Ihr seid erfolgreich gewesen", sagt Abdul-Hameed im Hinblick auf die Massaker, die die Widerstandsarmee im Auftrag von Khartum erledigt hat.

„Und?", fragt Otii.

Abdul-Hameed schweigt einen Moment lang, dann sagt er: „Seht. Unser gemeinsames Ziel ist es doch, die Ungläubigen aus dem Südsudan zu vertreiben. Dann ist unser Weg frei nach Uganda, später folgen Tansania, Sambia, Simbabwe, Südafrika. Verstehst du?"

Otii schlürft seinen Tee. Seine Gedanken schweifen in die Ferne, während Abdul-Hameed vom Ziel Khartums redet, ganz Afrika dem Islam zu unterwerfen.

Otii denkt: Die Widerstandsarmee des Herrn operiert vom Südsudan aus. Hier gewährt uns Khartum Asyl. Nicht aus Sympathie für Kony und unsere Bewegung. Sondern schlicht aus Eigennutz. Wir legen Landminen und töten die einheimische Bevölkerung. Wir heizen den Konflikt zwischen Nord- und Südsudan weiter an. Dafür bekommen wir Waffen und Lebensmittel. Khartum kann die Ölvorkommen im Süden ausbeuten. Käme es zum Frieden, müssten die Araber den Gewinn teilen. Und was haben wir davon? Ich wünschte, Kony wäre nicht so wirr, sondern konkreter. Irgendwann muss Schluss sein mit diesem Geschwafel.

„Hörst du mir zu?", fragt Abdul-Hameed plötzlich.

„Selbstverständlich", sagt Otii, als die Kindersoldatin die Teekanne fallen lässt.

„Du bist zu dumm, du faules Stück Dreck", schreit Otii sie an. „Verschwinde, du Schwein. Ich schneide dir später die Kehle durch", schreit er das Mädchen an. Zu Abdul-Hameed sagt er: „Zu nichts zu gebrauchen. Ich muss mich dringend um besseres Personal kümmern." Abdul-Hameed lächelt verlegen.

„Hör zu“, sagt er schnell, „ihr seid unsere verlässlichste und beste Miliz. Wenn wir unseren Krieg gewonnen haben, werdet ihr reich belohnt werden. Die Welt wird keinen Druck auf diese Region machen. Es ist nichts da. Kein Öl. Also kein politischer Wille. Ihr seid unser Tor in Allahs Himmel. Zweiundsiebzig Jungfrauen werden auf euch warten.“

„Das will ich hoffen“, sagt Otii.

„Es wäre schön, wenn sich Kony irgendwann einmal Zeit für mich nehmen würde. Gerne würde ich ihm die Empfehlungen aus Khartum persönlich übermitteln. Und es gibt viel zu besprechen“, sagt Abdul-Hameed abschließend.

„Ich werde es ihm ausrichten“, sagt Otii, „ich denke, dein Hubschrauber steht bereit.“

Otii begleitet den Gast zu seinem Hubschrauber. Die Holzkisten sind inzwischen weggeräumt worden.

„Wirst du dem Mädchen wirklich die Kehle durchschneiden?“, fragt Abdul-Hameed, bevor er in den Hubschrauber steigt.

„Was meinst du?“, fragt Otii.

Der Araber lächelt.

❖ ❖ ❖

Otii blickt dem Hubschrauber noch lange nach. Er denkt an Kony, seine Karriere, oder wie auch immer er seine Laufbahn bezeichnen soll, und fragt sich, was eines Tages aus der Widerstandsarmee des Herrn werden soll.

Kony hat keine politische Agenda, denkt Otii. Das Volk der Acholi hasst ihn, für den Süden ist er der Staatsfeind Nummer eins und aus den Rebellen sind Terroristen geworden.

Ich führe einen Krieg mit Kindern, denkt Otii, lächerlich.

Ende Januar 1986 haben sich Otii und Kony kennen gelernt. Kurz nachdem Kony vom Felsen bei Odek gestiegen war und aus der Bewegung des Heiligen Geistes die Widerstandsarmee des Herrn formte. Schon in der Vorgängerbewegung war Otii einer der ranghöchsten Generäle, ein militärisches Naturtalent, das es aber nie bis zur Spitze geschafft hat.

Die geschwächte Partisanengruppe ohne Führung war froh über jeden, der ihr einen Sinn geben konnte. Kony hatte Charisma, konnte reden und wollte führen.

„Seht, der Süden will euch nicht. Der Süden will euren Tod. Ich führe euch an. Ihr habt ein besseres Leben verdient. Gemeinsam gewinnen wir die Schlacht. Für euch. Für die Acholi“, skandierte Kony immer wieder.

Kony gab seinen Männern den geistigen Halt, sein zweiter Mann, Otii, die militärische Führung.

Zunächst ist es eine kleine Gruppe, die neu getaufte Widerstandsarmee des Herrn, die von Kampala kaum ernst genommen wird. Im Norden des Landes gibt es viele Rebellengruppen unter den Acholi, deren politische Schwäche sich Kony zum Werkzeug macht.

„Ihr seid das auserwählte Volk. Ich bin euer Führer. Uns gehört Uganda. Wer mit der Regierung in Kampala zusammenarbeitet, ist böse und vom Teufel besessen. Er muss getötet werden. Nur, wer den Teufel bekämpft, kommt in den Himmel“, sagt er immer wieder.

Von Anfang an zweifelt Otii an der Glaubwürdigkeit seines Chefs, weiß aber, dass dieser den Schlüssel zum Erfolg besitzt.

Er verspricht, das Land allein nach den Zehn Geboten des Alten Testaments zu führen, vermischt alle möglichen religiösen Praktiken.

Zu verführerisch ist der Glaube an einen starken Acholistaat, den Kony zunächst propagiert. Otii gefällt diese Aussicht, auch die Aussicht auf einen möglichen Ministerposten, der des Außenministers schwebt ihm vor. Während der ersten Jahre ihres Kampfes hat die Widerstandsarmee des Herrn sogar Erfolg und Rückendeckung.

Zumal sich die Acholi mehr und mehr von der Regierung in Kampala vernachlässigt fühlen. Dem Süden des Landes geht es immer besser, der Norden verwahrlost in Armut. Trotz eines Friedensvertrags zwischen Nord und Süd und obwohl Museveni andere ehemalige Rebellenführer des Nordens in wichtige Positionen seiner Regierung gehoben hat.

Doch sehr bald schon, als der Widerstandsarmee des Herrn die Männer ausgehen und immer mehr Kinder zu Soldaten gemacht werden, verlieren die Rebellen die Loyalität der Bevölkerung.

„Genau das ist unsere Taktik", lautet Otiis Rat.

„Ist das so?", antwortet Kony. „Warum?"

„Ganz einfach. Wir destabilisieren das Land. Der Süden kann nichts dagegen tun. Wir nutzen diese Schwäche aus", erklärt Otii.

„Seht her, Kampala bringt keinen Frieden. Nur ich kann euch retten", sagt Kony seinen Leuten. Und die Taktik geht auf.

Kampala verliert mehr und mehr und dann fast gänzlich das Interesse am Konflikt im Norden, wohin es kaum noch Truppen schickt. Schließlich sind es die ehemaligen Feinde des Südens, die Acholi, die Despoten wie Amin oder Obote hervorgebracht haben, die sich jetzt untereinander töten.

„Rebellen gegen Zivilisten. Zivilisten gegen Rebellen. Wo ist da der Unterschied?", sagt Otii zu Kony.

„Was ist mit der Afrikanischen Union? Die steckt ihre blöde Nase doch überall rein", sagt Kony.

„Die Afrikanische Union ist nur ein Club reicher Herren, die sich gegenseitig nicht auf die Füße treten. Jeder ist mit sich selbst beschäftigt. Keine Sorge", sagt Otii.

„Wir machen also, was ich will, und werden siegen", sagt Kony.

„Wir machen, was du willst. Genau", sagt Otii.

❖ ❖ ❖

Wir werden nicht für immer machen, was du willst, nicht für immer, denkt Otii, als der Hubschrauber schließlich außer Sichtweite ist. Er dreht sich um und sieht eine Gruppe von neuen Rekruten durch das Haupttor kommen. Es sind siebenundzwanzig frische Kindersoldaten, die Lubanga Tek betreten. Er blickt auf seine Armbanduhr. Es ist fünfzehn Uhr. Bevor er sich umdreht und in sein Zelt geht, sieht er Hope und lächelt.

Ich glaube, die gefällt mir, denkt er.

Dem Mädchen, das beim Besuch des Arabers die Teekanne hat fallen lassen, schneidet er zehn Minuten später mit seinem Taschenmesser die Kehle durch. Nachdem er es noch einmal missbraucht hat.

❖ ❖ ❖

Hope weiß nur eines, sie hat fürchterlichen Hunger und einen schrecklichen Durst. Ihre Beine sind angeschwollen, die Füße von Dornen zerstochen und blutig. Hope geht es so schlecht wie noch nie zuvor in ihrem Leben.

Die Rebellen, die Hope und die anderen Kinder entführt

haben, schneiden ihnen die Lasten von den Rücken und schleppen die Beute weg. Hope kann ihren rechten Arm nicht mehr bewegen. Der Strick hat ihr das Blut abgequetscht. Es dauert Stunden, bis sie ihren Arm wieder spüren kann.

Bevor die Kinder getrennt und in verschiedene Richtungen gebracht werden, müssen sie ihre Kleider ausziehen. Sie werden unmittelbar vor ihnen auf einem Scheiterhaufen verbrannt. Anschließend werden die Jungen und Mädchen mit Wasser besprenkelt. Das Symbol der Reinigung von bösen Kräften, die von außen kommen könnten.

Wo James hingebracht wird, sieht Hope nicht. Zwei Soldatinnen, jede höchstens ein Jahr älter als Hope, bringen sie hinter einen Verschlag, der am anderen Ende des Lagers liegt.

Auf dem Weg dorthin kann sie die enormen Ausmaße von Lubanga Tek ausmachen.

Das Hauptquartier der Widerstandsarmee des Herrn ist ungefähr so groß wie zwanzig Fußballfelder. Es besteht aus einem Exerzierplatz, den Hütten der Generäle und von Kony sowie seinen einhundert Frauen. Gegenüber vom Exerzierplatz liegt die Zeltstadt. Hier wohnen die Kindersoldaten. Etwa dreitausend Jungen und Mädchen sind es. Hope sieht, wie die Kinder exerzieren, ihre Gewehre putzen, im Laufschritt aus dem Lager verschwinden. Andere Kinder kommen aus dem Busch zurück. Sie sehen erschöpft aus und tragen Säcke auf ihren Schultern, die sie auf einem ihrer Raubzüge erbeutet haben.

Was Hope aber am meisten auffällt, ist die Stille, die im Lager herrscht. Keines der Kinder spricht. Ab und zu hört Hope einen Schrei oder einen Befehl, mehr nicht.

„Sei ruhig. Mach, was wir dir sagen. Nur dann überlebst

du", flüstert eine Rebellin Hope zu, ohne ihr dabei in die Augen zu blicken.

Sie sind am Verschlag angekommen. Hope muss sich die Unterhose ausziehen. Sie gehorcht.

Nackt steht Hope in einer grünen Plastikschüssel. Sie zittert. Obwohl es bestimmt vierzig Grad im Schatten sind. Die Rebellinnen seifen Hope ein und waschen sie von Kopf bis Fuß. Bestimmt fünfundvierzig Minuten lang schrubben sie Hope heftig ab, bis der ganze Dreck vom Körper des Mädchens verschwunden ist. Anschließend untersuchen sie Hopes Füße, ziehen die Dornen aus den Fußsohlen und verarzten die aufgerissene Haut mit einer Kräutersalbe. Schon bald spürt Hope keine Schmerzen mehr.

„Es geht dir bald besser", sagt eine Rebellin zu Hope. „Bestimmt."

Die Rebellin heißt Salome, wie Hope wenige Tage später erfahren wird.

Hope antwortet nicht.

Mein armer Vater, denkt Hope. Ich habe ihn getötet. Ich bin ein schlechter Mensch. Ich bin es nicht mehr wert zu leben. Das ist jetzt meine Strafe. Ich bin böse. Ich muss sie über mich ergehen lassen.

Die Rebellinnen setzen die völlig erschöpfte Hope gegen den Verschlag und füttern sie mit Maniokbrei. Er ist ungesüßt und schmeckt scheußlich. Doch Hope isst. Langsam schluckt sie jeden Bissen hinunter. Dazu gibt es warmes Wasser, damit sich Hopes Magen wieder an Flüssigkeit gewöhnen kann. Anschließend ziehen die Mädchen Hope ein Hemd und eine Hose an. Beide Kleidungsstücke sind gebraucht. Sie riechen modrig.

„Eine Uniform musst du dir erst noch verdienen", sagt die eine Rebellin.

„Ruh dich ein paar Stunden aus", sagt die andere, „du musst später noch vor Kony treten. Und da willst du doch kräftig aussehen, oder?"

„Wer ist Kony?", fragt Hope.

Die Rebellinnen grinsen.

„Er ist unser Herr. Du gehörst jetzt ihm. Merke dir das gut", antwortet die eine.

„Rede mit niemandem. Mache nie den Anschein, dass du nachdenkst, grübelst oder nicht voll bei der Sache bist. Die Aufseher denken dann nur, dass du deine Flucht planst, und erschießen dich auf der Stelle. Den Rest lernst du schon", sagt Salome.

Hope nickt und fällt sofort in einen tiefen, traumlosen Schlaf. Als sie von einem Jungen aufgeweckt wird, weiß Hope zunächst nicht, wo sie überhaupt ist. Aber es fällt ihr schnell wieder ein.

„Aufstehen!", brüllt der Junge. Er ist nicht viel älter als zehn. Er kann aber schon befehlen wie ein richtiger Mann.

Langsam steht Hope auf und tastet ihren rechten Arm ab. Nach und nach kann sie ihn wieder spüren.

Der Junge packt Hope bei der Schulter und schiebt sie langsam zurück zum Exerzierplatz. Hopes Füße tun noch weh, aber längst nicht mehr so sehr wie bei der Ankunft im Lager. Die Kräutersalbe hat geholfen. Vorsichtig humpelt Hope vor dem Jungen her.

Einige Dutzend Neuankömmlinge warten bereits. Sie stehen in drei Reihen hintereinander. Hope stellt sich dazu. In die letzte Reihe. Sie guckt nach ihrem Bruder, entdeckt James in der zweiten Reihe, macht sich aber nicht bemerkbar. Keiner sagt ein Wort. Eine halbe Stunde vergeht.

Schließlich kommen zwei Männer auf die Gruppe zu. Es sind Joseph Kony und sein Stellvertreter, Vincent Otii.

Der sieht aber komisch aus, so unscheinbar und klein. Gar nicht wie ein Herr über eine Armee, denkt Hope fast enttäuscht, als sie Kony betrachtet. Otii macht ihr Angst. Hope kann seine Brutalität spüren.

Beide Männer tragen Camouflageuniformen, sauber und gebügelt, dazu glänzende, schwarze Lederstiefel. Ihre Haare sind kurz geschnitten. Ihre Augen verstecken Kony und Otii hinter großen, verspiegelten Sonnenbrillen, wie Piloten sie zu tragen pflegen. An ihren Hüften baumeln Pistolen, Makarows. Otii hält einen Plastiksack in seiner rechten Hand.

„Wir töten keine Menschen. Wir töten nur böse Menschen", sagt Kony.

Die Kinder blicken ihn stumm an. Otii starrt die Kinder an.

„Ihr habt Glück. Ihr seid dem Teufel entkommen", sagt Kony, „heute beginnt euer neues Leben. Eure Aufgabe wird sein, den Teufel zu töten. Dafür werde ich euch belohnen. Ihr kommt in den Himmel."

Kony macht eine Pause und nimmt die Sonnenbrille ab. Dann setzt er erneut an: „Gott hat mich gesandt, um Uganda zu retten. Er hat euch gesandt, um mir dabei zu helfen. Wer das nicht kann, der muss sterben. Jeder, der kein Rebell ist, ist ein Zivilist und hat keine Rechte. Nur wir haben Rechte. Ihr seid wie meine rechte Hand. Ich gebe euch meine linke für eure Kraft. Gemeinsam sind wir stark. Aber nur ich allein bin euer Führer."

Hope versteht kein Wort. Sie ist durcheinander.

„Eure Ausbildung beginnt heute. Die Zeit des Lachens ist vorbei", sagt Kony mit fester, ruhiger Stimme. Überhaupt wird Hope Kony niemals brüllen hören. Kony wird ihr immer als besonnen und gefasst in Erinnerung bleiben, selbst wenn er Befehle zum Töten gibt oder selbst tötet.

„Ihr habt Glück, bei uns zu sein. Aber seid gewarnt. Wer sich nicht an die Regeln hält, der muss sterben", sagt Kony abschließend und schaut Otii an.

Otii öffnet den Plastikbeutel, zieht einen abgeschlagenen Kopf heraus und wirft ihn vor die Kinder. Es ist der Kopf des Jungen, der Hope entführt, ihren Großvater erschossen und dessen Radio gestohlen hat.

„Dieses Schwein hier", sagt Kony, „wollte mich hintergehen. Er hat ein Radio ins Lager geschmuggelt, um den Worten des Teufels zuzuhören. Gott hat mir geraten, den Verräter zu töten. Hier ist der Beweis. Das Schwein ist tot."

Die neuen Rekruten zittern vor Angst. Alle blicken auf den Schädel, der vor ihnen auf dem Boden liegt und sie anstarrt. Von der letzten Reihe aus kann Hope kaum etwas sehen.

Kony setzt sich seine Sonnenbrille auf. Er und Otii drehen sich um und gehen zurück zu ihren Unterkünften.

Der Junge, der Hope zum Exerzierplatz geführt hat, bringt sie zurück zu ihrem Verschlag.

„Versuche nicht zu fliehen. Ich töte dich", zischt er und schlägt Hope mit der flachen Hand ins Gesicht. Hope fällt zu Boden und weint.

Vor lauter Erschöpfung schläft sie sofort ein.

❖ ❖ ❖

Für Hope und die anderen Rekruten beginnt jeder Morgen mit einem Dauerlauf, der mindestens fünfzehn Kilometer lang ist. Viele Kinder sind zu schwach, um die Strecke zu schaffen. Zu viele von ihnen sind noch zu erschöpft vom Marsch in den Südsudan. Sie werden sofort erschossen. Vor Hopes Augen.

Anschließend müssen die überlebenden Jungen und Mädchen auf einen Rebellen zulaufen, der mit einer Kalaschnikow auf sie schießt.

„Ihr müsst schneller sein als die Kugeln“, lautet sein Befehl.

Wer sich nicht schnell genug auf die Erde wirft oder einfach nur Pech hat, der stirbt im Kugelhagel, andere Kindersoldaten später im Kampf oder an Malaria, an Schlangen- oder Skorpionbissen. Von jeder neuen Gruppe überlebt meist nur ein Drittel der Kinder, oft sogar weniger.

„Nur die besten Soldaten verdienen es, zu leben“, sagt Hopes Ausbilder immer wieder. Zwei Wochen dauert Hopes Ausbildung in Lubanga Tek. Die Regeln, die sie lernt, sind eindeutig und einfach. Hope lernt schnell, dass die Widerstandsarmee des Herrn äußerst straff und brutal organisiert ist, Widersprüche sind tödlich: Wer unaufgefordert redet, wird getötet. Wer zu fliehen versucht, wird getötet. Wer Befehle verweigert, wird getötet. Wer im Kampf verwundet wird, bleibt zurück.

Hope wird beigebracht, wie sie eine Kalaschnikow auseinander zu nehmen und zusammenzusetzen hat. Nach nur zwei Tagen kann sie das Gewehr binnen weniger Minuten zerlegen und die Einzelteile mit verbundenen Augen wieder korrekt ineinander fügen. Hope ist sehr geschickt mit ihren Fingern. Im Schießen ist sie treffsicher. Der Rückstoß der Kalaschnikow ist für Hope kaum spürbar und locker erträglich. Es ist ein Kinderspiel. Während ihrer Zeit bei der Widerstandsarmee des Herrn ist die Kalaschnikow Hopes ständiger Begleiter.

„Mädchen, hör zu“, sagt der Ausbilder, „die Kalaschnikow ist nicht schön und sieht billig aus, aber sie ist robust, zuverlässig und so gut wie unverwüstlich. Wie eine Frau. Sie kann unter allen Bedingungen arbeiten und braucht kaum Pflege. Wie du. Behandle sie wie dich selbst."

Hope blickt den Mann an.

„Mädchen", schreit der Ausbilder plötzlich, „wie viele Patronen sind im Magazin?"

„Dreißig", brüllt Hope zurück.

„Der Hebel rechts. Wofür ist er da?", lautet die nächste Frage.

„Steht er oben, ist die Waffe gesichert. Steht er in der Mitte, Schnellfeuer, unten Einzelfeuer", antwortet Hope schnell.

„Sehr gut. Du wirst lange überleben", lobt der Ausbilder Hope, als sie erschöpft auf dem Boden kauert und das Gewehr in ihrem Schoß hält, als sei es ein Spielzeug und kein Mordinstrument.

Hope wird beigebracht, wie Landminen zu legen sind, wie eine Hütte anzugreifen ist, wie sie einen Hinterhalt zu planen hat.

Die Widerstandsarmee des Herrn besitzt einige Raketenwerfer, die gegen Flugzeuge verwendet werden, andere schwere Waffen gibt es nicht. Die Widerstandsarmee des Herrn ist eine Guerillaarmee, die im Busch mit Kalaschnikows, Macheten, Messern und den bloßen Händen kämpft.

Hope muss sich einen Stein in ihr Hemd einnähen.

„Wenn die Angreifer kommen, wirf ihnen den Stein entgegen. Ein großer Berg wird sich dann auftun. Er wird dich schützen", sagt der Ausbilder.

Hope gehorcht und näht sich einen Stein ins Hemd.

Hope muss immer eine Flasche Wasser bei sich tragen.

„Wenn die Angreifer kommen, schütte das Wasser auf den Boden. Ein großer Fluss wird sich bilden und die Angreifer werden darin ertrinken", sagt der Ausbilder.

Hope gehorcht und hängt sich eine Feldflasche mit Wasser an den Gürtel.

Dass der Stein und das Wasser wirklich etwas nützen, bezweifelt Hope. Wie ihr Vater schon sagte, Hope ist ein kluges Mädchen, das zuhört und gehorcht.

Alles geht sehr schnell. Die Ausbilder lassen ihren Rekruten wenig Zeit zum Lernen. Wenn Hope eine Übung nicht zur vollsten Zufriedenheit des Ausbilders absolviert, prügelt dieser sie mit einem Stock. Dabei zielen die Schläge immer auf Gesäß und Beine.

„Du Schwein", sagt der Ausbilder dann. „Du bist zu blöd. Du wirst bald sterben."

Zum Denken hat Hope keine Zeit. Nur ihr starker Überlebenswille lässt sie die Zeit überstehen. Kony und Otii sieht sie während dieser Tage nie.

Die Kinder bekommen kaum etwas zu essen und nur wenig Wasser. Schlafen dürfen sie nur wenige Stunden lang. Der Drill beginnt bei Sonnenaufgang und endet nicht vor Mitternacht.

Hopes Kopf kommt ihr während dieser Tage leer und kalt vor. Für das Mädchen fühlt es sich fast so an, als ob eine andere Person von ihm Besitz ergreift.

Eines Abends versuchen zwei neue Rekruten zu fliehen. Sie hoffen auf den Schutz der Dunkelheit, schaffen es aber nur wenige hundert Meter hinter das Lager. Dort werden sie von drei Wachen entdeckt.

Die Flüchtlinge, ein Junge und ein Mädchen, beide um die vierzehn, werden auf den Exerzierplatz gebracht. Die anderen Kindersoldaten müssen sich um sie stellen.

„Diese Schweine wollten zurück zum Teufel laufen. Wir zeigen ihnen, was wir mit Verrätern machen", sagt einer der Ausbilder.

Er geht einen Schritt zurück und befiehlt den Kindern: „Beißt ihnen die Beine ab."

Als die Kinder zunächst zögern, brüllt er: „Los! Beißt ihnen die Beine ab! Beißt ihnen die Herzen raus!"

Die Gruppe geht langsam auf die beiden Kinder zu und beginnt, mit ihren Zähnen Fleischstücke aus ihren Beinen, aus den Armen und den Körpern zu reißen. Die Kinder schreien vor Schmerz und betteln um Gnade und Vergebung. Aber keiner hört auf.

Wie können sie das nur tun, denkt Hope. Sie steht abseits und beobachtet das grausame Treiben.

„Du, Mädchen, mach mit!", schreit sie der Ausbilder an.

Hope blickt stumm zu Boden. Sie weiß, sie kann nicht weglaufen. Mitmachen will sie aber auch nicht. Es ist eine ausweglose Situation.

Der Ausbilder rennt auf Hope zu und schlägt ihr mit voller Kraft seine Faust gegen den Kopf. Hopes Schädel dröhnt, sie sieht nichts mehr, wie Streichhölzer knicken ihr die Beine weg. Hope fällt zu Boden.

Der Ausbilder greift Hope wie einen Hasen beim Genick und zerrt sie zu den beiden Kindern, die in ihrem Blut liegen und deren Körper wild zucken. Er wirft Hope in das blutige Knäuel. Die Kinder sehen kaum noch wie Menschen aus. Sie sind eine fleischige Masse. Der Ausbilder beschmiert Hope mit dem Blut der Kinder.

„Das hast du davon, du Schwein. Mit Verrätern unter einer Decke stecken, das wird dir noch leid tun", schreit er.

Hope weint. Sie schmeckt das Blut der Kinder, die kaum noch atmen. Sie fühlt das Blut an ihren Händen und wie es langsam in ihre Kleidung sickert und die Augen verklebt.

Der Ausbilder greift Hope am Handgelenk und zieht sie über den staubigen Boden zurück zu ihrem Verschlag.

„Hier bleibst du, du Schwein. Bis du dich gebessert hast", befiehlt er. „Du hast Glück, dass ich dich nicht töten lasse oder gleich selber erschieße, wie ein Tier, das du bist."

Hope bleibt allein zurück und weint.

Warum tun die mir das an?, denkt sie. Wo ist mein Bruder? Mein armer Vater. Was macht nur meine arme Mutter? Sie macht sich bestimmt Sorgen um mich. Und meine Geschwister. Sie sind doch so allein ohne mich. Was mache ich hier nur? Lieber Gott, bitte steh mir bei. Habe ich wirklich so viel Strafe verdient?

Gegen Morgengrauen erst schläft Hope ein. Ihre Arme und Beine sind abgeschürft. An ihrem Körper klebt das Blut der toten Kinder. Die Stiche der Moskitos, die sich nachts zu Tausenden wie ein dunkler Vorhang über das Camp legen, spürt sie nicht. Hope sieht auch nicht die Skorpione, die um ihre Füße schleichen, oder nimmt das Heulen der hungrigen Hyänen aus der Ferne wahr, die sich um die Kadaver der zerbissenen Kindersoldaten streiten.

❖ ❖ ❖

Den ganzen nächsten Tag über muss Hope hinter dem Verschlag bleiben. Sie bekommt nichts zu essen und zu trinken. Die Hitze ist unerträglich. Mindestens fünfundvierzig Grad würde ein Thermometer anzeigen. Hope kauert sich an die Wand des Verschlages, wo sie ein wenig Schatten findet.

Das Blut der erschlagenen Kinder ist in ihre Haut eingezogen und überzieht sie wie ein feiner Film. Hopes blutverklebte Kleidung ist hart und brüchig geworden. Ihr Kopf schmerzt vom Schlag des Ausbilders. Ihre abgeschürften Arme und Beine, verkrustet von Staub und Blut, brennen.

Aus ihrem rechten Auge kann Hope kaum noch gucken. Vorsichtig pult sie sich rote Blutklumpen aus Wimpern und Haaren.

Mein Gott, mein Gott, mein Gott, denkt Hope nur.

Nie wird Hope begreifen, wie Menschen dazu fähig sind, anderen so viel Leid zuzufügen. Niemals.

Am Abend kommt eine Rebellin in Uniform und gibt Hope ein wenig Maniokbrei und Wasser.

„Habe ich nicht gesagt, du musst vorsichtig sein?“, fragt sie Hope.

Hope erkennt die Rebellin wieder. Sie hat Hope am Tag ihrer Ankunft gewaschen.

Hope nickt stumm. Sie hat aber keine Angst vor der Rebellin, die ein sehr schönes Gesicht hat, fast so schön wie ihres.

„Du musst gehorchen. Sonst stirbst du“, sagt die Rebellin und nimmt Hopes Gesicht in ihre Hände. Sie blickt Hope fest in die Augen, als sie das Blut aus ihrer Nase wischt.

„Wie heißt du?“, fragt Hope die Rebellin.

„Salome“, antwortet die Rebellin und lächelt. „Aber verrate es niemandem. Ich will nicht, dass die meinen Namen kennen. Das ist besser so. Wenn dich jemand nach deinem Namen fragt, sag einfach, du bist noch nicht getauft, du hast keinen Namen. Das glauben die.“

Hope nickt.

Salome, denkt sie. Ein schöner Name.

„War schon Weihnachten?“, fragt Hope.

„Weihnachten? Daran denkst du“, sagt Salome und lacht. „Unsinn.“

Hope schämt sich. Wie kann ich nur an Weihnachten denken, wo eben diese beiden armen Kinder sterben mussten, denkt sie.

„Weihnachten ist vorbei“, sagt Salome. „Weihnachten existiert nicht mehr. Hier ist jeder Tag ein ganz normaler Tag. Solange du überlebst. Also gewöhne dich daran.“

Hope nickt.

Nach einer kurzen Pause lacht Salome. „Weihnachten? Du machst Witze.“

„Wie lange bist du schon hier?“, fragt Hope.

Salome überlegt.

„Zwei Jahre, glaube ich“, sagt sie.

„Hast du meinen Bruder gesehen?“, fragt Hope.

„Wer ist dein Bruder?“, fragt Salome.

„James. Klein. Frech. Und ein wenig langsam. Er geht mir manchmal ganz schön auf die Nerven. Aber ich sorge mich um ihn“, sagt Hope.

„Keine Ahnung“, antwortet Salome. „Aber vielleicht siehst du ihn ja wieder.“

Hope blickt Salome an.

Sie will bestimmt nichts Böses von mir, denkt Hope. Sie ist ein gutes Mädchen. Vielleicht können wir eines Tages zusammen fliehen. Wir könnten bestimmt gute Freundinnen werden.

„Du musst mit mir kommen“, sagt Salome und zieht Hope auf ihre Füße.

„Hier“, sagt Salome und gibt Hope eine Uniform.

Hope blickt Salome verdutzt an.

„Was ist los?“, fragt Hope.

„Sei still“, sagt Salome. „Du bist eine Rebellin. Du bist hier, um zu kämpfen. Das werden wir jetzt tun.“

Hope versteht nicht, was Salome ihr damit sagen will.

Wortlos zieht Hope die Uniform an, die ihr viel zu groß ist. Salome krempelt ihr die Ärmel und die Hosenbeine um und reicht Hope eine Kalaschnikow.

„Wir brauchen neue Vorräte. Wir gehen in den Busch", sagt Salome und schreitet voran.

Hope folgt ihr wie in Trance. Sie gehen zu einer Gruppe Kindersoldaten. Sie sind mit Kalaschnikows und Macheten bewaffnet.

Zwanzig der insgesamt siebenundzwanzig Kinder, die mit Hope das Lager erreicht haben, sind inzwischen ums Leben gekommen. Sie sind von ihren Ausbildern ermordet oder auf der verzweifelten Flucht aus dem Lager der Widerstandsarmee des Herrn erschossen, totgeprügelt oder totgebissen worden. Hope hat überlebt.

In dieser Nacht wird sie zum ersten Mal Menschen töten. Es wird nicht das letzte Mal sein.

❖ ❖ ❖

Hope freut sich, als sie die Gruppe sieht. James ist zwischen den Kindern. Er sieht gesund aus und grinst seine Schwester frech an.

Pass auf, lieber Bruder, denkt Hope. Halt dich zurück.

Hope versucht, ihm ein Zeichen zu geben. Immer wieder. Aber James bemerkt sie nicht. Er spielt mit seinem Gewehr. Es scheint ihm Spaß zu machen. Hope hat den Eindruck, für ihren Bruder ist dies alles nur ein Spiel.

Hope und James sprechen an diesem Abend nicht miteinander. Kein einziges Wort. Die letzten Worte, die Hope von ihrem Bruder hörte, lauteten: „Wer soll nur für uns kochen, wenn du eines Tages nicht mehr bei uns bist?" Das war am 12. Dezember 1996. Für Hope war dies in einer anderen Zeit, in einer anderen Welt. Eigentlich gar nicht mehr wahr, obwohl Hope erst seit wenigen Wochen im Dienst der Widerstandsarmee des Herrn steht. Die Kontrolle über die

Zeit hat Hope längst verloren. Schlimmer noch, sie hat über nichts in ihrem Leben mehr die Kontrolle.

Was ist mit mir passiert?, denkt Hope. Was ist mit meinem Bruder passiert? Sind wir noch die, die wir in Uganda waren? Sind wir noch Menschen? Oder sind wir auch schon zu Tieren geworden? Hat mich Gott noch lieb? Oder bin ich eine verlorene Seele, die im Fegefeuer brennen wird, so, wie es uns der Pastor immer wieder erzählt hat? Ich weiß es nicht. Ich weiß gar nichts mehr.

Doch schnell vertreibt Hope diese Gedanken. Sie ist glücklich, ihren Bruder zu sehen. Selbst unter diesen Umständen.

Er lebt. Ich lebe. Das ist gut, denkt Hope.

Der Anführer der Gruppe, ein Junge um die sechzehn, führt die Kindersoldaten in den Busch. Er geht voran. In einer Linie folgen die anderen. Hopes Bruder ist irgendwo in der Mitte, sie befindet sich am Ende, gleich hinter Salome.

Es ist Vollmond. Die Sicht ist gut. Stundenlang marschieren sie über staubige Trampelpfade, oft müssen sie sich den Weg mit Macheten freischlagen. Kein Kind spricht. Es ist totenstill. Ich habe Angst, denkt Hope und hält sich krampfhaft an ihrer Kalaschnikow fest. Ihre Hände sind schweißnass.

Was mache ich hier nur?, denkt Hope. Und mein Bruder? Er ist doch viel zu unbeholfen, um zu kämpfen. Das kann er doch gar nicht. Er kann sich ja nicht einmal allein etwas zu essen machen, geschweige denn eine eigene Entscheidung treffen.

Hope ist verzweifelt. Doch sie weiß nicht, was sie machen soll. Sie marschiert und marschiert. Im Moment gibt es kein Zurück für sie. Hope bewegt sich auf ihren ersten

Angriff zu. Obwohl ihr das noch gar nicht so richtig bewusst ist und sie einfach nur hineingetrieben wird, ohne ihre Handlungen selbst bestimmen zu können. Hope fühlt sich schlecht. Am liebsten möchte sie sich übergeben, kann es aber nicht. Zu groß ist ihre Furcht, von dem Anführer der Gruppe erschossen zu werden. Der ist zum Kampf entschlossen und scheint sogar Freude an dem Marsch zu haben. Hope glaubt, dass er die Macht genießt und Lust am Töten hat.

So, wie viele Jungen dies zu haben scheinen, meint Hope immer wieder.

James etwa auch?, fürchtet sich Hope.

Die Stärke der Widerstandsarmee des Herrn ist ihre Taktik. Sie greift in kleinen, schnell beweglichen Gruppen an, die nie lange an einem Ort bleiben. Sie nutzen das Überraschungsmoment für sich, was ihnen immer wieder Vorteile gegenüber den offiziellen Armeen des Südsudan und Ugandas bringt. Die Rebellen benutzen keine Straßen, sondern bewegen sich geschickt durch den Busch. Sie wissen, wie sie im Dickicht Schutz finden. Sie greifen aus dem Hinterhalt an, töten alles, was ihnen in die Quere kommt, und lassen keine Verwundeten zurück. Es werden keine Gefangene gemacht. Weder Soldaten noch Zivilisten.

In der Morgendämmerung erreicht die Gruppe eine kleine Siedlung. Es sind nicht mehr als acht strohgedeckte Hütten. Sie stehen in einem Kreis um eine Feuerstelle. Hope sieht einige Hühner, ein paar Ziegen und ein Dutzend abgemagerter Kühe. Die Bewohner der Siedlung schlafen noch.

„Hier“, flüstert der Anführer der Gruppe und reicht den Kindern eine Flasche mit *shea-nut*-Öl, einem Erdnussöl.

„Reibt euch damit ein, bekreuzigt euch damit. Es ist heilig. Kony hat es gesegnet. Es macht euch unverwundbar gegen Kugeln. Aber nur, wenn ihr nicht weglauft. Wer feige ist und dem Feind entfliehen will, den treffen dann auch die Kugeln. Also immer schön nach vorne marschieren", sagt er.

Die Kinder folgen seinem Befehl. Eines nach dem anderen reibt sich mit dem bräunlichen Öl ein, bekreuzigt sich damit. Die Kinder glauben, was der Anführer ihnen sagt.

„Vergiss das Öl", flüstert Salome Hope zu, „ich habe viele von uns sterben sehen. Mutige Kämpfer. Das Öl hilft nicht. Bleib ganz dicht bei mir, dann passiert dir nichts."

Hope nickt.

Die Kinder entsichern ihre Kalaschnikows und stellen sie auf Schnellfeuer. Die Gruppe teilt sich auf. Kerzengerade, wie es ihnen während der Ausbildung beigebracht worden ist, schleichen acht Kinder links, zehn rechts um die Hütten herum. Viele von ihnen werden in einigen Minuten bereits tot sein. Trotz des angeblich heiligen Öls, das vor den Kugeln schützen soll.

Auf das Kommando des Anführers, ein schrilles Pfeifen mit den Fingern, treten die Kinder die *kika* der Hütten ein. Hope hört die Schreie der aus dem Schlaf gerissenen Opfer. Die Kinder schießen wahllos auf Frauen und Männer, zerhacken die Kinder mit ihren Macheten. Es ist ein Blutbad.

Anschließend plündern sie die Vorräte und packen diese in die Mitte der Siedlung. Zwei Jungen kümmern sich um die Kühe, die den größten Wert des Raubzuges darstellen.

Dies ist ein Albtraum, denkt Hope. Das ist alles nicht wahr.

Doch anders als in Uganda, wo die Zivilbevölkerung kaum bewaffnet ist, wie es auch Hopes Familie nicht war, haben viele Südsudanesen ihrerseits Kalaschnikows und wissen sich sehr wohl zur Wehr zu setzen. Sie sind Krieg und Gewalt gewöhnt. Seit Jahren schon kämpfen die Menschen hier gegen den Norden des Landes. Überfälle von Reiterhorden und anderen Milizen, die ebenfalls von Khartum unterstützt werden, machen aus den Dörfern des Südsudan immer wieder Schlachtfelder. Die Widerstandsarmee des Herrn ist bei weitem die brutalste und blutrünstigste Gruppe, der sich Khartum bemächtigt hat. Dieser Angriff stellt keine Ausnahme dar.

Plötzlich rennen von rechts und links kommend schwer bewaffnete Männer auf die blutbesudelten Kindersoldaten zu und schießen wild um sich. Keiner weiß, woher die Männer kommen, sie sind einfach da.

Salome eröffnet das Feuer und trifft einen Südsudanesen mehrfach in den Brustkorb. Knochensplitter und Hautfetzen fliegen in alle Richtungen. Mit einem lauten Schrei fällt der Mann vor ihr in den Staub und stirbt.

Hope versteckt sich hinter Salome.

Wo ist James?, denkt Hope. Wo ist mein Bruder?

In dem Chaos kann sie ihn nirgends entdecken. Er scheint wie vom Erdboden verschluckt zu sein.

„Dreh dich um, schieß!", kreischt Salome mit einem Mal.

Hinter Hope und Salome stehen zwei junge Südsudanesen mit erhobenen Macheten. Es sind Viehhirten, die am Rande der Siedlung geschlafen haben und von dem Lärm aufgeweckt worden sind. Hope duckt sich. Wie aus dem Nichts schnellt eine Machete aus der Luft und trifft Salome frontal in den Hals. Ein gewaltiger Blutstrahl schießt über Hopes Kopf hinweg. Salome gluckst ein paar unverständliche Worte. Sie fällt zu Boden und presst sich die Hand auf die offene Wunde. Es ist zwecklos. Sie kann die Blutung nicht stillen. Salome stirbt.

„Nein", schreit Hope und schießt aus der Hocke auf die

Angreifer, die nur wenige Zentimeter über ihrem Kopf die Macheten schwingen. Von der Wucht der Kugeln werden die Männer nach hinten geschleudert und sterben spastisch zuckend auf dem Boden. Ihre Innereien dampfen in der Morgensonne.

Hope stürzt sich auf Salome, die aber bereits tot ist.

„Salome, wach auf", schluchzt Hope. „Wach auf."

Doch Salome mit dem schönen Gesicht rührt sich nicht mehr.

Hope spürt, wie jemand sie am Arm greift und mit sich schleift. Es ist der Anführer der Gruppe, der den Rückzug befohlen hat.

„Los, komm, Mädchen", befiehlt er. „Die da ist tot."

„Wir können sie doch nicht hier liegen lassen", sagt Hope.

„Wenn du nicht gleich kommst, dann lasse ich dich hier auch für die Teufel liegen. Komm!", brüllt der Anführer und zerrt Hope mit sich.

Hope hat keine Wahl. Salome bleibt in einer gewaltigen Blutlache zurück.

Der Überfall hat nur wenige Minuten gedauert. Einige der Hütten brennen. Die Kinder haben sie angezündet. Überall liegen tote, zerstückelte, zerfetzte Körper. Männer, Frauen, Kinder. Es stinkt nach verbranntem Fleisch. Als Trophäe hat sich einer der Kindersoldaten den abgetrennten Kopf einer jungen Frau mitgebracht. Später werden die Kinder ihr rohes Hirn essen. Ein anderer Kindersoldat hat sich ein Baby wie ein Kebab auf seine Machete gespießt. Er wird es rösten und mit den anderen Rebellen teilen. Wieder ein anderer hat sich die Geschlechtsorgane von mindestens fünf Männern an den Gürtel gehängt, daneben hängen ihre Zungen. Auch diese werden später verspeist. Kannibalismus ist Teil von Konys Philosophie. Er glaubt, durch das Verspeisen der Opfer gehe ihre Kraft in die Kinder über.

Ich bin in der Hölle, denkt Hope. Das ist die Hölle.

Die Kindersoldaten der Widerstandsarmee des Herrn haben an diesem Morgen ganze Arbeit geleistet. Sämtliche Verteidiger der Siedlung sind tot. Die Bewohner ebenfalls. Salome und vier andere Rebellen sind bei dem Angriff ums Leben gekommen.

„Sie waren feige und wollten weglaufen", sagt der Anführer.

„Das ist doch nicht wahr", sagt Hope. „Salome war nicht feige."

„Halt den Mund, Mädchen, halt den Mund", sagt der Anführer.

Mit dem erbeuteten Proviant und den Kühen macht sich die Gruppe auf den Rückweg nach Lubanga Tek. Hope weint.

„Hör auf zu heulen, du Schwein!", brüllt der Anführer.

Hope kann nicht aufhören.

„Wo ist mein Bruder?", schreit sie den Anführer an.

„Wer ist dein Bruder?", antwortet er.

„Der dicke, kleine Junge mit dem frechen Gesicht. James", sagt Hope.

Der Anführer denkt nach. Ist der Junge etwa verschwunden?, fragt er sich.

„Hat jemand den kleinen Dicken gesehen? James. Hat jemand gesehen, wie er sich aus dem Staub gemacht hat?", fragt er die Gruppe.

Keiner antwortet. Einige der Kinder zucken stumm mit den Schultern. Keiner hat gesehen, ob Hopes Bruder weggelaufen oder beim Angriff gestorben ist.

„Wir müssen zurück. Weg ist weg. Es kommen bestimmt

gleich noch mehr von den Schweinen, um ihre Familien zu rächen. Rückzug", bestimmt der Anführer und schleift Hope am Arm mit sich.

„Nein", schreit Hope wie von Sinnen.

Der Anführer fackelt nicht lange. Er schlägt Hope mit der Faust ins Gesicht. Hope wird ohnmächtig.

„Du", befiehlt der Anführer dem Jungen mit dem aufgespießten Baby, „trag sie."

Der Junge wirft Hope über seine Schulter und trägt sie zurück bis ins Hauptquartier.

Warum der Ausbilder Hope nicht, wie angedroht, ebenfalls erschossen und zurückgelassen hat, wird Hope nie erfahren. Wahrscheinlich hatte sie wieder einmal nur Glück. Im Gegensatz zu anderen Kindersoldaten, bei denen ein falsches Wort über Leben und Tod entscheidet.

Hope wird nie herausfinden, was mit ihrem älteren Bruder, mit James, an diesem blutigen Morgen im Südsudan geschehen ist.

Vermutlich wurde er beim Angriff getötet, denkt sie noch heute. Manchmal glaubt sie aber auch, dass ihm die Flucht gelungen ist. Nur, dann wäre er ja nach Hause gekommen, zweifelt sie diese Gedanken an. Trotzdem will sie die Hoffnung nicht aufgeben und wartet noch immer auf seine Rückkehr.

❖ ❖ ❖

Zwei Wochen sind vergangen seit dem Überfall auf das südsudanesische Dorf, bei dem Salome ums Leben gekommen und Hopes Bruder James verschwunden ist.

Hope hat sich einigermaßen von dem Schock erholt und ist auch körperlich wieder fit.

Hope ist nicht nur ein kluges und schönes, sondern auch ein starkes Mädchen, wie sie hier immer wieder feststellt, wenn sie an ihre Grenzen kommt.

Das Leben geht weiter. Noch.

Nachdem sie also ihre Feuertaufe bestanden hat, wird sie offiziell in den Kreis der Kindersoldaten aufgenommen. In einem strengen Ritual, das Kony persönlich vollzieht, schwört Hope ihrem vorherigen Leben ab. Sie schwört, niemals wieder Schweinefleisch zu essen, Alkohol zu trinken oder Zigaretten zu rauchen. Sie schwört, mit dem Rosenkranz in der Hand gen Mekka zu beten und die Sabbat-Tage, den Freitag und den Sonntag, streng einzuhalten.

Anschließend muss sich Hope mit *shea-nut*-Öl bekreuzigen. Dann wird sie mit heiligem Wasser besprenkelt und mit Matsch und Benzin eingerieben, damit der Zauber auch wirklich bis unter ihre Haut eindringt. Die Schmerzen sind enorm. Hope hält sie aus. Stundenlang, bis sie zu guter Letzt über glühende Holzkohle gejagt wird. Anschließend muss sie eine Nacht lang wie gekreuzigt auf der Erde liegen und in aller Stille beten. Erst dann gehört Hope dazu. Sie schafft es.

„Der Herr nimmt dich auf", sagt Kony nach der Zeremonie. Dabei legt er seine Hand auf ihren Kopf und spricht ein Gebet: „Heiliger Vater, beschütze dieses Kind, wann immer es die Straße überquert."

❖ ❖ ❖

Eines Morgens befiehlt Vincent Otii seinem Adjutanten, Hope zu holen. Dieser junge Mann namens Jack Lopez ist ebenso brutal wie sein Vorgesetzter. Er darf mit den vielen Frauen Otiis schlafen, wann immer er sich mal wieder im

Feld oder bei der Ausbildung der neuen Rekruten verdient gemacht hat. Lopez genießt es, die Frauen zu quälen und zu prügeln. Es macht ihm Spaß.

Als sich einmal eine Frau weigert, mit ihm zu schlafen, schlägt er ihr eigenhändig Nase und Ohren mit einer Machete ab. Anschließend schneidet er ihr die Lippen aus dem Gesicht, sodass Ober- und Unterkiefer freiliegen.

„Jetzt sieh zu, wie du wieder einen Mann findest, der dich will. Du hässliches Schwein“, sagt er mit blutverschmierten Händen und wirft die Frau aus dem Lager. Niemand weiß, was mit ihr geschah.

„Otii will dich sehen“, sagt Lopez zu Hope.

Hope gehorcht. Gemeinsam gehen sie zu Otiis Zelt.

Lopez freut sich schon auf den Tag, wenn er sich an Hope vergreifen kann. Er bewundert ihren schlanken, starken Körper, die kleinen Brüste und das straffe Gesäß.

Ich werde schon meinen Spaß mit dir haben, denkt er, als er Hope in Otiis Zelt schubst.

Verloren steht Hope in dem großen Zelt der Nummer zwei der Widerstandsarmee des Herrn.

Das Zelt ist aufgeräumt. Es gibt einen Kühlschrank, einen Fernseher mit Videorekorder und ein Funkgerät. Über dem Bett hängt ein Moskitonetz. Die elektrischen Geräte werden mit Hilfe eines Generators betrieben. Im Vergleich zu den Zelten der Kinder leben ihre Anführer sehr, sehr gut.

Otii sitzt in einem übergroßen Korbstuhl. Sein Hemd ist bis zum Bauchnabel geöffnet. Er riecht nach Schweiß. Hope fühlt sich von ihm angeekelt.

„Wie heißt du?“, fragt er Hope.

Hope überlegt sich ihre Antwort ganz genau.

„Ich bin noch nicht getauft. Ich habe keinen Namen“, sagt Hope.

Sie hat sich Salomes Rat gemerkt, auch wenn sie noch nicht versteht, warum sie ihren Namen nicht nennen soll.

„Soso", sagt Otii, „du bist also noch nicht getauft, Mädchen."

Hope nickt.

Otii blickt Hope lange an. Auch er, wie sein Adjutant, bewundert das makellose Aussehen des Mädchens.

„Ab heute wirst du eine neue Position im Lager haben", sagt Otii plötzlich. Es klingt wie ein Befehl.

Hope schweigt und blickt skeptisch.

„Du wirst nicht länger ein kleines Mädchen sein", sagt Otii mit einem weniger scharf klingenden Befehlston und lächelt, „ab heute wirst du ein großes Mädchen sein."

Hope ist sofort klar, was das bedeutet. Otii will sie sich zur Frau nehmen. Hope beginnt zu weinen.

„Ich komme später zurück. Bis dahin beruhige dich", befiehlt Otii und verlässt mit seinem Adjutanten das Zelt. Hope bleibt allein zurück. Wenige Minuten später betreten drei von Otiis anderen Mädchen – insgesamt hat er sich mehrere Dutzend genommen – das Zelt und beginnen, Hope auszuziehen, zu waschen und ihr dann frische Sachen zu geben.

„Sei froh", sagt ein Mädchen, das so um die dreizehn ist, „es tut nur am Anfang weh. Später macht es sogar Spaß."

„Genau", sagt das zweite Mädchen, etwa fünfzehn, „du spuckst dir vorher ordentlich in die Hände und reibst dich dann unten damit ein. Damit du den Schmerz nicht so spürst."

„Otii nimmt sich nicht viel Zeit. Und alles geht sehr schnell", sagt das dritte Mädchen, das noch jünger als Hope zu sein scheint.

„Außer, wenn er andere Dinge von dir will. Das kann dann schon länger dauern", sagt das erste Mädchen.

„Was für Dinge?“, fragt Hope ängstlich.

Die Mädchen kichern.

„Das wirst du dann schon sehen“, sagt das zweite Mädchen.

Anschließend verlassen sie das Zelt. Hope bleibt allein zurück und wartet. Sie traut sich nicht, sich aufs Bett oder auf einen der Stühle zu setzen. Gegen neunzehn Uhr kommt Otii zurück. Hope blickt ihn nervös an.

„Du willst bestimmt weglaufen, oder?“, sagt Otii. „Versuch es nur.“

Hope nimmt all ihren Mut zusammen und rennt so schnell sie kann aus dem Zelt. Vorbei an Otii, der laut lacht. Draußen halten zwei Soldaten Hope fest. Es sind der Adjutant und ein anderer Junge.

„Sollen wir das Biest erschießen?“, fragt Lopez seinen Chef.

Otii tritt aus dem Zelt. Hope zappelt wie wild und schlägt um sich.

„Du willst also nicht meine Frau sein?“, fragt Otii.

„Nein, ich will nicht. Ich will eine Rebellin sein. Ich will eine Soldatin sein“, schreit Hope verzweifelt.

„Schlagt sie tot“, befiehlt Otii und geht gleichgültig zurück ins Zelt.

Die beiden Jungen prügeln auf Hope ein. Wieder und wieder. Hope versucht, ihren Kopf mit den Händen zu schützen. Sie schreit und die Soldaten lachen. Bis Otii wieder aus dem Zelt tritt.

„Aufhören“, befiehlt er.

Otii nimmt seine Makarow aus dem Halfter, bückt sich über Hope, zerreißt ihr das Hemd und presst ihr die Pistole zwischen die nackten Brüste.

„Nein“, schreit Hope, „nein.“

„Nein?“, fragt Otii. „Nein? Ich habe schon viele Mädchen getötet. Für viel weniger. Warum machst du mich so wütend?“

Warum tut er mir das an?, denkt Hope. Ich bin doch keine Frau. Ich bin doch nur ein Mädchen.

„Bringt sie in mein Zelt“, befiehlt Otii und lässt von Hope.

Lopez und der andere Junge schleifen Hope in Otiis Zelt und werfen sie auf sein Bett. Dann lassen sie Hope mit Otii allein.

Otii wirft seine Pistole auf den Tisch und nimmt das Halfter ab. Langsam schreitet er auf Hope zu. Hope guckt ihn flehend an.

Nein, denkt sie, nein.

Otii lächelt.

„Du bist ein schönes Kind, ja, wirklich, außergewöhnlich schön. Du sollst zu meiner Lieblingsfrau werden. Heute mache ich dich dazu“, sagt er und bleibt vor Hope stehen.

Hope atmet schwer und schließt die Augen. In Gedanken betet sie: „Liebe Mutter Maria. Beschütze mich vor diesem Mann. Rette mich aus dieser Nacht. Heilige Mutter Maria. Erhöre mein Flehen. Bitte.“

Mutter Maria hört sie nicht.

In dieser Nacht, die bis zum Morgengrauen dauert, muss Hope Schmerzen erdulden wie noch nie zuvor in ihrem Leben.

❖ ❖ ❖

In den kommenden Monaten, bis zu ihrer Flucht am 26. Februar 1998, einem Donnerstag, lebt Hope abwechselnd bei den anderen Kindersoldaten oder bei Otii. Der Rhythmus ihres Lebens besteht aus Morden und Dienen, je nachdem, was von ihr verlangt wird.

Hope durchlebt diese Zeit mit einer inneren Distanz, die es ihr erlaubt, am Leben zu bleiben.

Ich kann mich nicht einmischen, denkt sie. Sie würden mich töten. Ich will leben. Ich muss leben. Ich will nach Hause. Zu meinen Geschwistern. Ich darf nicht denken. Ich darf nicht fühlen. Es würde mich nur schwach werden lassen. Das darf nicht passieren. Ich würde traurig werden. Ich muss stark sein. Ich werde stark sein. Sie können mit meinem Körper machen, was sie wollen. Mein Herz bekommen sie nie. Das verspreche ich mir. Jeden Tag werde ich das tun, denkt Hope.

Hope beginnt zu funktionieren. Als Soldatin, die plündert und mordet. Als Sexsklavin, die ihren Herrn befriedigt und manchmal auch seinen Adjutanten, wenn er sich Hope als Belohnung verdient hat, der sie quält, züchtigt und die unvorstellbarsten Dinge mit ihr anstellt.

Hope macht, was ihr befohlen wird. Hope gehorcht. Hope übt aus. Hope denkt nicht für sich. Tag für Tag wird Hope mehr und mehr zu einer Maschine. Ihre Gefühle packt Hope weg. Ganz weit weg. Tief ins Innere ihrer Seele, dorthin, wo die Widerstandsarmee des Herrn sie nicht finden kann. Gleichzeitig wartet Hope aber auf den richtigen Augenblick zur Flucht. Daran denkt Hope jeden Tag. Jede Stunde. Jede Minute. Hope weiß, dieser Moment wird kommen. An dieser Gewissheit hält sie sich fest.

Im Südsudan zu fliehen ist dumm, weiß Hope.

Es wäre zu gefährlich, zu weit weg von zu Hause. Es gibt zu viele Kontrollpunkte der Widerstandsarmee des Herrn. Andere Milizen könnten sie gefangen nehmen. Damit wäre ihr Todesurteil besiegelt.

Ich warte auf den Tag, wenn sie mich in Uganda einsetzen. Da kenn ich mich aus, da spreche ich die Sprache, es wird mir leicht fallen, dort meinen Weg nach Hause zu finden, denkt sie.

Bis es aber so weit ist, lässt Hope mit sich machen, wovon sie niemals hätte zu träumen wagen. Sie erledigt alles, was von ihr verlangt wird und für das sie später in Freiheit noch einen großen Preis zahlen wird. Den Preis des Gewissens, das sich irgendwann wieder einschalten, das ihr immer wieder zusetzen wird, bis sich Hope eines Tages selbst vergeben kann.

Wenn dieser Tag denn je kommen wird, denkt Hope noch heute.

❖ ❖ ❖

Während Hopes insgesamt zwanzig Monate bei den Rebellen ist sie immer wieder dabei, wenn sich Kony und Otii zu Lagebesprechungen treffen. Dabei sehen sich die Männer am liebsten Videos an. Filme mit Jean-Claude Van Damme und Sylvester Stallone. Konys Lieblingsfilm ist Rambo. Für Kony stellt Stallone, der die Rolle des Vietnamveteranen John Rambo spielt, die ultimative Mischung aus Spiritualität und Kraft dar. Rambo ist Konys Vorbild.

„Dieser Mann ist gottgesandt", sagt Kony, „er ist stark und unverwundbar. Er kämpft allein gegen den Rest der Welt. Er ist ein Rächer. Er ist Gottes Sohn. Von sich überzeugt. Ein Held. Mit einem wachen Geist. Ein guter *mzungu.* Davon gibt es nicht viele."

Kony trägt ein weißes Gewand. Wie die Araber in Khartum. Otii nickt zustimmend, obwohl er nicht wirklich von Konys Ausschweifungen überzeugt ist. Vor den Männern liegen Spielzeughubschrauber und kleine Plastiksoldaten. Häuser aus Legosteinen sollen Kampala darstellen. Kony probt den Angriff auf die Hauptstadt Ugandas. Immer wieder zündet er die Spielzeugteile an, lässt die Hubschrauber über die bunten Häuser fliegen. Dabei macht er wilde Geräusche, wie ein kleiner Junge.

„Wenn wir von Süden aus angreifen, können wir gewinnen", sagt er.

Otii findet diese Form der Vorbereitung auf eine mögliche Schlacht ziemlich bescheuert, wie Konys Vorhersagungen, für die er seine Finger in ein Glas Wasser taucht oder meint, das Engel ihm dieses und jenes geraten haben. Aber Otii macht gute Mine zum bösen Spiel.

Als ob wir jemals Kampala angreifen, denkt er, lächerlich.

Hope serviert den Männern Tee und getrocknetes Ziegenfleisch. Sie schweigt.

„Weißt du, was ein *mzungu* ist, Mädchen?", fragt er Hope.

„Ein Weißer, mein Herr", antwortet Hope. Sie muss Kony mit „Herr" ansprechen.

„Sehr gut", sagt Kony, „du bist klug."

Hope schweigt.

„Kennst du welche?", fragt Kony.

„Ich habe schon einige gesehen. Sie fahren in weißen Jeeps und sprechen eine seltsame Sprache", sagt Hope.

„Das stimmt. Sie sprechen Englisch. Die Sprache des Feindes. Die Sprache der Kolonialherren. Sie sind gemein und vom Teufel besessen. Sie wollen unseren Tod. Sie wollen uns vernichten. Traue ihnen nicht", sagt Kony.

Otii nickt zustimmend. Auch er mag keine Weißen, keine *mzungus.*

Hope nickt.

Plötzlich richtet sich Kony in seinem Stuhl auf. Er blickt Hope ernst an.

„Ich fühle, dass du ein widerborstiges kleines Ding bist. Aber stark. Wie ist dein Name?", fragt Kony.

„Sie hat keinen Namen. Sie ist noch nicht getauft", antwortet Otii für Hope.

„Tatsächlich", sagt Kony und nickt.

„Sie macht sich trotzdem gut", sagt Otii und lächelt.

Hopes Herz beginnt wie wild zu schlagen.

Plötzlich beginnt Kony zu lachen.

„Dann ist ja alles gut", sagt er.

„Morgen setzen wir sie zum ersten Mal in Uganda ein. Ihre Zeit ist reif", sagt Otii.

Kony nickt zustimmend. Er vertraut seinem Stellvertreter. Dass Otii seine spirituellen Kräfte insgeheim anzweifelt und eigentlich der Meinung ist, der wirkliche Führer der Widerstandsarmee des Herrn zu sein, davon kriegt Kony nichts mit. Er ist zu sehr mit sich selbst beschäftigt.

„Befiehl ihr, auch ein paar *mzungus* zu töten, wenn es irgend geht. Das sorgt für Schlagzeilen. Die Menschen da draußen wissen dann wenigstens, dass wir existieren. Am besten irgendwelche Ordensschwestern oder Missionare. Menschen haben Mitleid mit ihnen. Immerhin tun sie ja etwas Gutes. Tote Neger interessieren keinen", lacht Kony.

„Wird erledigt", sagt Otii und nickt zustimmend.

„Mädchen", sagt Kony zu Hope, „du bist ein Werkzeug unserer guten Sache. Das weißt du, nicht?"

„Ja, Herr, das weiß ich", antwortet Hope.

„Gut", sagt Kony, „aber vergiss nicht, nur ich kann deine Gedanken lesen. Nur ich weiß, was du willst, bist, glaubst und planst."

Kony blickt Hope mit einem durchdringenden Blick an.

Hope kann sich nicht mehr bewegen. Kony wirkt gelassen und ruhig.

„Ich glaube an die stille Welt“, sagt er plötzlich.

Hope schweigt.

„Weißt du, was das ist?“, fragt Kony.

Hope schüttelt den Kopf.

„Es wird dann keine Waffen mehr auf der Welt geben. Nur wer weiß, wie er sich mit Macheten, Steinen und den bloßen Händen verteidigen kann, wird überleben“, sagt Kony.

Hope schweigt.

Kony blickt Hope weiterhin durchdringend an.

„Bist du ein *jok*?“, fragt er sie.

„Nein, nein“, sagt Hope. Sie weiß, was ein *jok* ist, ein böser Geist.

„Bist du sicher?“, fragt Kony.

„Ja, ganz sicher“, sagt Hope.

„Du hast schon oft an Flucht gedacht, mein Kind, nicht wahr?“, sagt Kony liebevoll.

Hope schweigt.

„Es ist schwer hier, ohne deine Familie, nicht wahr? Du vermisst sie, sag die Wahrheit“, sagt er.

Hope schweigt.

„Sprich zu mir, mein Kind. Es passiert dir nichts“, sagt Kony.

„Nein, mein Herr, ich fühle mich hier wohl. Hier ist mein Zuhause. Ich bin eure Dienerin. Ich will der guten Sache angehören“, lügt Hope.

Kony lächelt und sagt: „Sag mir die Wahrheit, mein Mädchen. Du hast schon oft an Flucht gedacht. Jeden Tag, glaube ich.“

Otii schweigt und blickt Hope misstrauisch an.

Vielleicht kann er ja wirklich meine Gedanken lesen, denkt Hope. Sie erinnert sich an ein Gespräch, das sie vor einigen Wochen zufällig gehört hat.

Drei ihrer Freundinnen planten die Flucht. Sie erzählten keinem davon. Die drei Mädchen hielten die Aktion streng geheim.

Am Tag vor der Flucht indes ließ Kony alle Jungen und Mädchen im Lager antreten. Tausende von Kindern standen im Morgengrauen vor dem Anführer der Widerstandsarmee des Herrn.

„Drei von euch wollen fliehen, sich der guten Sache entziehen“, sagte er. „Ich weiß, wer die Verräter sind.“

Kony schloss seine Augen. In sich gekehrt, wartete er einige Minuten. Dann, mit einer anderen, tieferen Stimme, sagte er die Namen der Mädchen: „Grace, Sophie, Pretty.“ Mit ausgestreckter Hand zeigte er auf die Mädchen, die sogleich um ihr Leben flehten. Kony befahl ihren unverzüglichen Tod. Den Kindern wurde befohlen, sich auf die drei Mädchen zu stürzen und sie in Stücke zu reißen. Kony schaute amüsiert zu. Mit immer wieder verschiedenen Stimmen sagte er: „Ich bringe keine Menschen um. Ich bringe nur böse Menschen um. Ich bin rein. Alle anderen sind unrein. Ich säubere euch, ihr Ungläubigen, und führe euch ins Himmelreich. Ich bin euer Herr, ihr seid meine Untertanen. Morgen ist ein guter Tag. Denn ich bin am Leben. Ihr seid unrein und keines Lebens würdig.“

Kony genoss das Abschlachten der Kinder, es stimulierte ihn. Er fühlte die Macht über die Kinder, was ihn nur noch mehr bestätigte. Er war der Herr der Situation. Ihm gehörten ihre Leben.

„Sag mir die Wahrheit, Mädchen, du dachtest doch schon oft an Flucht, oder?“, fragt Kony Hope erneut.

„Nein“, sagt Hope und blickt Kony dabei direkt in die Augen. „Ihr seid mein Herr.“

Kony lächelt und sagt: „Wenn dieser schreckliche Krieg vorbei ist, dann werden wir alle im Himmel leben. Du und ich und deine Freunde. Es ist aber ein weiter Weg dorthin. Gemeinsam müssen wir stark sein, um diesen steinigen Weg zu gehen. Und du weißt nur selbst zu gut, was wir mit Mädchen machen, die zu fliehen versuchen, nicht wahr?“

„Ich gehöre hierher“, lügt Hope, ohne mit der Wimper zu zucken, obwohl sie Kony am liebsten ins Gesicht spucken würde oder noch lieber Otiis Makarow aus dem Halfter ziehen möchte, um ihre Peiniger zu erschießen. Das macht Hope aber nicht. Hope will überleben.

Zufrieden lehnt sich Kony in seinem Stuhl zurück. Otii schweigt.

„Mädchen“, sagt Kony anschließend, „erzähl uns doch eine Geschichte. Du kennst doch bestimmt die schönsten Geschichten. Wir Acholi sind doch bekannt für unsere Geschichten. Meine Großmutter, liebes Kind, konnte die besten Geschichten erzählen. Unterhalte uns.“

Otii nickt und schaltet den Videorekorder auf Pause. Rambo verharrt darin, sich seinen Oberarm zuzunähen.

Hope überlegt.

Was soll ich diesen Männern nur erzählen?, denkt sie. Zunächst fällt ihr keine Geschichte ein.

Aber dann erinnert sie sich an die Geschichte vom Schmetterling und der Rose, ihre Lieblingsgeschichte, die sie aus einem ihrer Schulbücher kennt.

Doch als Hope an die Geschichte denkt, wird sie plötzlich unendlich traurig. Sie denkt an ihr Zuhause, an den Vater, die Mutter, die Geschwister, an James und an den toten Großvater. Sie denkt an ihre Hütte und die mit Kreide an die Wand gezeichnete Rose. Sie denkt an ihren letzten Tag vor der Entführung, an die grünen Tomaten, die keiner kaufen wollte, und an das letzte *wangoo* mit ihrer Familie. Zum ersten Mal seit, ach, sie weiß es nicht mehr, denkt Hope auch wieder an das weiße Kleid, das sie sich so sehr wünschte, als sie noch frei und glücklich war, als sie noch Träume hatte, als sie noch sie selbst war.

Trotzdem, irgendwie macht der Gedanke an die Geschichte vom Schmetterling und der Rose Hope auch glücklich. So, wie diese Geschichte sie schon immer glücklich gemacht hat.

Hope stellt die Teekanne auf den Tisch, verschränkt ihre Arme hinter dem Rücken und beginnt zu erzählen:

„Es war einmal ein wunderschöner Schmetterling, der als Gottes Gesandter die Rosengärten der Welt besuchte, um mit seinem sanften Flügelschlag ihre Vollkommenheit zu segnen.

Immer freuten sich die Rosen auf seinen Besuch, der etwas Besonderes war. Und der Schmetterling genoss die Aufmerksamkeit der Rosen sehr. Er fühlte sich außergewöhnlich.

Nur eine Rose benahm sich nicht so wie die anderen Rosen. Statt den Schmetterling mit einem Lächeln zu begrüßen, versteckte sie schüchtern ihr Gesicht vor ihm.

Ja, die Rose weigerte sich, vom Schmetterling geküsst zu werden. Nein, sie wollte ihn nicht einmal anblicken.

Das konnte der Schmetterling nicht vergessen, als er wieder zurück in den Himmel zu Gott flog. Nicht, dass der Schmetterling in seiner Eitelkeit gekränkt war. Ganz das Gegenteil war der Fall.

Warum mag sie mich nur nicht, bin ich schlecht, bin ich unvollkommen, nicht gut genug für sie?, fragte sich der

Schmetterling immer wieder und wusste ganz tief in seiner Seele sofort, ohne lange darüber nachdenken zu müssen, dass er sein Herz auf der Erde gelassen hatte, dass er nur bei der Rose wirklichen Frieden finden konnte.

Der Rose ging es ebenso. Sie sehnte sich nach dem Schmetterling und dem sanften Schlag seiner Flügel.

Wenn ich doch nur nicht so schüchtern wäre, dachte die Rose.

Für den Schmetterling gab es nur eine Rettung. Er musste seinen Herrn bitten, ihn zurück auf die Erde zu schicken.

Gott war gnädig und ließ es zu.

So schnell ihn seine kleinen Flügel trugen, sauste der Schmetterling zurück auf die Erde, beleuchtet vom Licht des Mondes, das ihm den Weg wies.

Als er ankam, schlief die Rose bereits. Sie sah noch schöner aus, als der Schmetterling sie in Erinnerung hatte. Beim Anblick der schlafenden Rose wusste der Schmetterling, dass er in der Rose seine Seelenverwandte gefunden hatte.

Der Schmetterling sprach ein Gebet, so rein und ehrlich wie noch nie zuvor in seinem Leben, in der Hoffnung, dass alle Kreaturen auf Gottes Erde eines Tages so glücklich sein würden wie er in diesem Moment. Dann schlief auch der Schmetterling ein. Es war ein tiefer, ruhiger, friedlicher Schlaf.

Keiner weiß, was sich der Schmetterling und die Rose sagten, als sie sich sahen, welche wunderschönen Worte zwischen ihnen gewechselt wurden, welch göttlicher Augenblick dies für beide war. Ihre Seelen waren erhört worden, ewige Liebe stand ihnen bevor.

Doch als sich der Sommer dem Ende zuneigte, wusste die Rose, dass ihre Tage gezählt waren.

Lege deinen Kopf zwischen meine Flügel, sagte der Schmetterling. Ich trage dich zurück zu unserem Herrn, wo wir für immer träumen dürfen.

Das tat die Rose, froh, endlich nicht mehr allein sein zu müssen.

Vorsichtig hob der Schmetterling ab und flog zurück zu Gott.

Dorthin, wo Schmetterling und Rose für alle Ewigkeit in Frieden miteinander verbunden sein durften. Ohne Raum und Zeit."

Kony und Otii blicken Hope an. Tränen laufen ihre Wangen hinunter. Die Männer bemerken davon nichts.

„Sehr schön, Mädchen, sehr schön. Ein Schmetterling und eine Rose. Bemerkenswert", lobt Kony Hope.

Otii schweigt. Er hat nichts zu sagen.

„So, Mädchen, und jetzt verschwinde", befiehlt Kony.

Otii startet erneut den Videorekorder. Rambo setzt seine Operation am eigenen Arm fort. Kony stellt seine Spielzeugsoldaten in Reih und Glied auf. Hope verlässt das Zelt. Sie weiß, ihre Zeit ist gekommen.

Es ist Samstag, der 14. Februar 1998. Morgen wird Hope zum ersten Mal seit ihrer Gefangenschaft nach Uganda aufbrechen. Zum Ermorden der Teufel und zum Plündern ihrer Sachen. So lautet der Befehl. Hope wird fliehen. Zwölf Tage später. An diesem Abend ahnt Kony davon nichts. Der selbst ernannte Prophet Gottes kann ihre Gedanken nicht lesen, obwohl Hope die Flucht schon längst für sich beschlossen hat.

Hope ist zu diesem Zeitpunkt dreizehn Jahre alt und schwanger.

❖ ❖ ❖

Knapp zwei Wochen lang dauert der Raubzug der Kindersoldaten in Uganda. Erst dann bietet sich Hope die Gelegenheit zur Flucht.

Bei Sonnenuntergang bereiten sich die Jungen und Mädchen auf den Angriff vor.

Es sind gut ein Dutzend Kindersoldaten, die am Abend des 26. Februar 1998 ein Dorf bei Lira überfallen. Es gibt einige Hütten, eine Missionarsstation und viele, viele Kinder.

Konys Auftrag lautet, die Kinder zu entführen, Proviant zu plündern und die Missionare, die *mzungus*, zu töten.

Das sorgt für Schlagzeilen, hat Kony ja gesagt. Tote Neger interessieren keinen.

Anschließend soll es wieder zurück in den Südsudan gehen, um die frischen Kindersoldaten in Lubanga Tek abzuliefern.

Der Angriff auf das Dorf erfolgt nach dem üblichen Schema. Erst reiben sich die Kinder mit Öl ein. Dann wird ihnen vom Anführer der Gruppe nochmals eingebläut, dass sie sich nicht ducken dürfen, sondern gerade und mit erhobenem Haupt auf den Feind zugehen müssen.

Die Kinder trennen sich, umzingeln die Hütten und greifen an, als der Anführer auf einer Trillerpfeife das Signal gibt.

Das ist meine einzige Chance, denkt Hope. Ich bin in Uganda. Ich kann mich von hier aus leicht bis nach Hause durchschlagen. Wenn ich es jetzt nicht versuche, dann nie.

Zunächst fühlt Hope sich unbeobachtet. Die anderen Kinder haben genug damit zu tun, die Hütten zu überfallen. Keiner kümmert sich um Hope. Während die Jungen und Mädchen ihr blutiges Werk beginnen, schleicht sich Hope in den Busch. Doch plötzlichen stehen Hope drei Jungen im Weg.

„Du willst fliehen, du Schwein“, sagt einer der Jungen.

„Lass mich in Ruhe“, sagt Hope, „ich bin ein Soldat. Wie du. Ich kann dich töten.“

Der Junge und seine beiden Kameraden lachen.

Hope weiß, dass die Jungen sie niemals gehen lassen würden. Lieber würden die Jungen Hope kaltblütig über den Haufen schießen, als sie in die Freiheit zu entlassen.

Wenn ich leben will, habe ich keine andere Wahl. Ich muss handeln, denkt Hope und entsichert ihre Kalaschnikow.

Sie hebt das Gewehr und erschießt einen der Jungen. Der Junge fällt zu Boden und ist sofort tot.

Hope fackelt nicht lange. Sie dreht sich um. So schnell sie kann rennt sie in den Busch. Sie hört, wie die Jungen das Feuer eröffnen. Hope spürt, wie die Kugeln neben ihr in die Zweige treffen. Eine Kugel trifft Hope am Kopf. Es ist aber nur ein Streifschuss. Hope rennt und rennt. Die Jungen folgen ihr nicht. Sie werden von ugandischen Soldaten erschossen, die zufällig in dem Dorf übernachten. Es sind zwar nur eine Hand voll Männer, aber es gelingt ihnen trotzdem, die Rebellenkinder in die Flucht zu schlagen und ein Massaker zu verhindern. Einige der Jungen und Mädchen sterben bei dem Gefecht mit den Soldaten. Die anderen Kindersoldaten fliehen in der Dunkelheit.

Stundenlang harrt Hope in einer Erdhöhle aus. Als sie glaubt, dass die Lage sicher ist, kriecht sie aus ihrem Versteck, zieht sich die Jacke der Uniform aus und wirft sie weg. Auch das Gewehr lässt sie im Busch zurück. Vorsichtig geht Hope zurück ins Dorf.

Vielleicht helfen die Menschen mir hier, denkt sie.

Sie geht zu einem kleinen Backsteingebäude und hört das Geräusch eines Generators.

Hier wohnt bestimmt der Missionar, denkt sie.

Hope klopft an die Tür des Hauses. Nichts geschieht. Sie klopft erneut an.

„Helft mir!“, ruft Hope und wartet.

Wenige Augenblicke später öffnet ein weißer Mann die Tür, ein *mzungu*. Es ist Carlos Rodrigues, ein spanischer Missionar.

„Wer bist du?“, fragt er Hope.

„Kannst du mir helfen?“, fragt Hope.

Rodrigues sieht, dass Hope am Kopf verletzt ist. Ihr Hemd ist blutverschmiert. Rodrigues nimmt Hope am Arm und führt sie in das Haus.

Mehrere verwundete Kinder und Soldaten der ugandischen Armee sitzen auf dem Boden. Sie werden von einer weißen Frau verarztet, ihr Name ist Schwester Anna, eine Nonne, die gemeinsam mit Rodrigues die Missionarsstation leitet.

„Wir sind angegriffen worden“, sagt Rodrigues, „hast du etwas gesehen?“

„Nein“, lügt Hope. Sie befürchtet, dass die Wahrheit sie das Leben kosten könnte.

„Woher kommst du?“, fragt Rodrigues.

„Aus dem Busch“, antwortet Hope.

„Wie heißt du?“, fragt Rodrigues.

Hope schweigt.

„Nun lass das arme Ding doch erst mal zur Ruhe kommen“, sagt Schwester Anna.

Rodrigues nickt.

„Entschuldige. Natürlich. Wir sind alle sehr aufgeregt. Die Rebellen waren hier. Aber das erwähnte ich bereits“, sagt Rodrigues.

Er lächelt Hope freundlich an.

Kann ich ihm wirklich trauen?, denkt Hope. Wie wird er reagieren, wenn er erfährt, dass ich noch vor wenigen Stunden mit einer Kalaschnikow im Busch vor seinem Dorf lauerte und ihn, die Schwester und alle anderen Dorfbewohner töten sollte?

Hope hat Angst.

Schwester Anna beginnt, sich um Hopes verletzten Kopf zu kümmern. Sie wäscht die Wunde aus und umwickelt sie mit einem provisorischen Verband.

„Wie ist das passiert?“, fragt sie Hope.

Hope schweigt.

Schwester Anna blickt Hope an und nickt.

„Das muss reichen. Morgen bringen wir dich und die anderen Verwundeten nach Gulu“, sagt Schwester Anna.

„Hier, trink das“, sagt Rodrigues und reicht Hope ein Glas Wasser.

Hope trinkt das Glas in einem Zug leer.

Die ugandischen Soldaten blicken Hope misstrauisch an.

„Bist du hier aus der Region?“, fragt Rodrigues.

„Ich lebe bei Ayam“, sagt Hope. Dann kann sie die Wahrheit nicht mehr in sich behalten. Hope bricht zusammen. Sie weint und weint und weint. Wie sie in den zurückliegenden zwanzig Monaten nicht weinen konnte. Es ist ein befreiendes Weinen. Eine unbeschreibliche Last fällt von Hope ab. Schwester Anna nimmt Hope in ihre Arme.

„Du armes Mädchen. Was ist denn bloß mit dir passiert?“, sagt sie.

„Ich habe euch überfallen. Ich gehöre zur Widerstandsarmee des Herrn. Ich sollte euch töten. Ich bin geflohen. Bitte schickt mich nicht zurück. Ich will nach Hause. Ich will zu meiner Mutter“, schluchzt Hope.

Schwester Anna und Rodrigues blicken sich fragend an.

Die anderen Kinder und die Soldaten schweigen. Hope klammert sich mit aller Kraft an Schwester Anna und lässt sie nicht mehr los.

„Natürlich schicken wir dich nicht zurück, mein Kind“, sagt Schwester Anna.

„Selbstverständlich nicht“, sagt Rodrigues sanft.

Hope kann nicht mehr aufhören zu weinen.

„Keine Angst, kleines Mädchen. Alles wird wieder gut. Alles wird wieder gut“, sagt Schwester Anna und streichelt Hope über ihren Kopf.

Am kommenden Morgen bringen Rodrigues und die Soldaten Hope nach Gulu ins Zentrum für ehemalige Kindersoldaten.

Am Nachmittag des 27. Februar 1998, einem Freitag, ist Hope frei.

4.

Jeden Morgen, bevor Michael ins Zentrum für ehemalige Kindersoldaten fährt, frühstückt er mit seiner Familie. Das ist ihm wichtig, diese halbe Stunde gemeinsam mit seiner Frau, dem Sohn und der Tochter ist ihm heilig, dieses Ritual ist für ihn wie in Stein gemeißelt. Anschließend bringt er seine Kinder in die Schule und fährt zur Arbeit. Seit einigen Jahren nun schon leitet er das Zentrum, das zunächst nur für einige Dutzend ehemalige Kindersoldaten eingerichtet worden war. Jetzt leben hier einige hundert. Michael hat Zelte organisiert, mehr Personal eingestellt und versucht jeden Tag aufs Neue, sich der immer dramatischeren Lage anzupassen. Jeden Tag kommen neue Kinder aus dem Busch, die Hilfe brauchen, die traumatisiert und verwundet sind. Michael und sein Team stellen sich dieser Herausforderung. In dem tiefen Glauben, dass es eine Hoffnung für Uganda gibt, sobald dieser Spuk, dieser grauenhafte Krieg, ein Ende gefunden hat.

In seinem weißen, leicht verbeulten Jeep fährt Michael auch an diesem Morgen über die staubigen Straßen von Gulu. Über Funk hatte Missionar Carlos Rodrigues ihm in der Nacht noch mitgeteilt, dass er verwundete Kinder habe, die in den zurückliegenden Tagen von der Armee eingesammelt wurden und die er am kommenden Tag ins Zentrum bringen wolle. Auch ein Mädchen sei dabei, dass der Widerstandsarmee des Herrn erst vor wenigen Stunden entkommen sei.

Obwohl das Zentrum hoffnungslos überfüllt ist, mal

wieder, lehnt Michael grundsätzlich keine neuen Kinder ab. Rodrigues weiß das.

„Wir werden schon einen Platz für sie finden", sagte er Rodrigues.

Gegen acht Uhr fährt Michael auf das Gelände des Zentrums, er parkt seinen Wagen vor dem Bürokomplex und geht zu seinem Schreibtisch, um zunächst einmal die Tageszeitungen zu lesen. Eine Angestellte serviert ihm Tee. Anschließend bespricht Michael mit seinem Team die Lage.

„Wir haben nach wie vor dreihundertundvierzig Jungen und Mädchen. Vierzehn bringen wir heute zu ihren Familien zurück. Macht dreihundertundsechsundzwanzig. Ein Junge muss dringend nach Kampala ins Krankenhaus gebracht werden. Er scheint eine angerissene Lunge zu haben, die die Ärzte hier in Gulu nicht behandeln können. Ein Mädchen ist letzte Nacht an seinen inneren Verletzungen gestorben. Wir konnten nichts mehr für es tun", berichtet Sam, Michaels rechte Hand im Zentrum, völlig übermüdet.

Michael nickt stumm und blättert dabei durch die Zeitungen.

„Was noch?", fragt er.

„Das ist im Großen und Ganzen die Lage. Wir versuchen weiterhin, neue Gelder zu beantragen. Was nicht leicht ist. Aber das weißt du ja", sagt Sam.

„Das weiß ich, ja", sagt Michael.

Einen Moment lang blickt er sein Team still an. Dann springt er auf, klatscht in die Hände und sagt: „An die Arbeit. Es gibt viel für uns zu tun. Rodrigues bringt uns später neue Kinder."

Das Team trennt sich. Jeder Mitarbeiter geht seiner Arbeit nach. Michael macht seinen morgendlichen Rundgang durchs Zentrum.

Das Zentrum hat etwa die Größe von zwei Fußballfeldern. Es gibt mehrere Bürogebäude, in denen die Therapeuten ihre Gespräche mit den Jungen und Mädchen führen. Eine Krankenstation, in der die Kinder verarztet werden. Die Kinder schlafen in Baracken oder in Zelten. Gekocht wird in einer Art provisorischer Großküche, die in einem Schuppen untergebracht ist. Es gibt einen Brunnen für frisches Wasser, einen Platz zum Spielen und um Wäsche aufzuhängen. Außerdem einen überdachten Gemeinderaum, der nach den Seiten hin offen ist. Hier finden Gottesdienste statt, aber auch Gruppentherapien und kleinere Theateraufführungen. Die Kinder müssen für sich selber kochen, ihre Wäsche waschen und aufhängen. Eigenverantwortung wird groß geschrieben.

„Warum müssen wir denn alles allein machen?“, fragt ein Junge, er ist um die dreizehn, Michael an diesem Morgen.

„Was meinst du?“, antwortet Michael freundlich.

„Na ja. Waschen und kochen. Das ist doch für Frauen“, sagt der Junge.

„Wer sagt das?“, fragt Michael.

„Mein Vater“, sagt der Junge.

„Und das glaubst du natürlich?“, fragt Michael.

„Mein Vater sagt das“, sagt der Junge.

„Hör zu“, sagt Michael und setzt sich neben den Jungen, der damit beschäftigt ist, sein Hemd zu waschen, „wie lange warst du in der Widerstandsarmee des Herrn?“

„Zwei Jahre“, antwortet der Junge.

„Zwei Jahre“, wiederholt Michael, „eine lange Zeit.“

Der Junge nickt.

„Und wer hat euch dort die Befehle gegeben?“, fragt Michael.

„Die Generäle. Die älteren Soldaten“, sagt der Junge.

„Genau", sagt Michael. „Und warst du für irgendetwas selbst verantwortlich?"

„Für meine Waffe", sagt der Junge.

„Und sonst?", fragt Michael.

„Nichts", sagt der Junge.

„Siehst du", sagt Michael, „für was bist du heute verantwortlich, ohne deine Waffe?"

Der Junge schweigt.

„Schau", sagt Michael, „hier bist du für dich ganz allein verantwortlich. Wir bringen dir Eigenverantwortung bei, damit du den Respekt vor dir selbst, den sie dir im Busch genommen haben, wieder findest. Vertrauen, Liebe, das Gefühl, zu einer Gemeinschaft zu gehören, in der jeder Verantwortung trägt, das alles sollst du hier finden. Damit du eines Tages wieder sagen kannst: Ich trage die Verantwortung für mich und meine Familie. Ich kann mich dieser Verantwortung stellen. Ich bin ein verantwortungsbewusster, ein guter Mensch. Und wenn sich das hier jeder sagt, heißt das, wir tragen die Verantwortung für uns. Wir stellen uns dieser Verantwortung. Wir sind eine verantwortungsbewusste Gemeinschaft. Wir mögen uns. Wir sind gut zueinander. Egal, ob wir Jungen oder Mädchen sind. Wir haben alle unsere Aufgaben und unterscheiden nicht zwischen den Geschlechtern. Nur, weil jemand ein Mädchen ist, heißt das nicht, dass es für die Wäsche verantwortlich ist. Das kannst auch du sein. Verstehst du?"

Der Junge nickt.

„Aber Mädchen sind anders", sagt er plötzlich.

„Natürlich sind sie das", antwortet Michael, „das ist auch gut so. Das heißt aber noch lange nicht, dass sie deine Wäsche waschen müssen."

Der Junge blickt Michael fragend an.

„Denk mal darüber nach", sagt Michael.

„Das werde ich", sagt der Junge.

Michael steht auf und zeigt auf einen großen, braunen Fleck auf dem Hemd des Jungen.

„Und vergiss den Fleck da nicht. Übung macht den Meister. In jeder Disziplin."

Michael steht auf und geht zurück zu seinem Büro. Er erledigt ein paar Telefonate, bis am frühen Nachmittag der Wagen mit den neuen Kindern ankommt. Hope steht hinten auf der Ladefläche. Sie ist nervös. Hope hat keine Ahnung, was mit ihr passieren wird. Was auf sie zukommt.

Als der Wagen auf das Gelände des Zentrums fährt, beginnen die anwesenden Kinder mit einem Ritual, das sie immer wieder vollziehen, wenn neue Kinder ins Zentrum kommen.

Ein Kind schlägt mit einer Eisenstange auf eine Glocke, um die Ankunft anzukündigen. Die anderen Kinder kommen angerannt, klatschen in die Hände und beginnen ein Begrüßungslied zu singen.

„Willkommen bei uns. Ihr seid frei. Wir begrüßen euch. Ihr seid unsere Brüder und Schwestern. Ihr braucht euch nicht zu fürchten. Wir sind für euch da. Gesegnet seid ihr, Kinder der Acholi", lautet der Text der Strophe, die die Kinder mehrmals wiederholen, bis die Neuankömmlinge aus dem Fahrzeug gestiegen sind.

Michael mag diese Zeremonie, weil sie den neuen Kindern sofort die Angst nimmt. Es war seine Idee.

Während Hope und die anderen Kinder weiter begrüßt werden, spricht Michael mit Rodrigues.

„Insgesamt habe ich acht Kinder für dich. Die Armee hat sie während der letzten Nächte eingesammelt. Einige sind geflohen, andere befreit worden. Die üblichen Geschichten.

Ein Mädchen ist bei uns gelandet. Es ist am Kopf verletzt. Aber nicht schlimm", sagt Rodrigues.

„Wir kümmern uns um sie", sagt Michael.

„Sehr schön", sagt Rodrigues.

„Möchtest du vielleicht noch auf einen Tee bleiben?", fragt Michael.

„Ich würde gerne, aber das geht nicht. Ich will noch vor Sonnenuntergang zurück in meiner Station sein. Die Rebellen. Du weißt. Wir sind nicht sicher", sagt Rodrigues.

„Bleib doch über Nacht in der Stadt. Dann hätten wir Zeit zum Reden", sagt Michael.

„Ein anderes Mal, danke. Schwester Anna ist ohne Schutz zurück im Dorf geblieben. Ich fühle mich besser, wenn ich mich auf den Weg zurück zu ihr mache", sagt Rodrigues und steigt wieder in den Wagen ein.

„Vater Rodrigues", sagt Michael.

„Ja", antwortet Rodrigues.

„Wie lange bist du jetzt schon bei uns?", fragt Michael.

Rodrigues zählt die Jahre im Kopf.

„Zehn", sagt er, „genau zehn Jahre lang."

„Warum eigentlich?", fragt Michael.

„Gute Frage", sagt Rodrigues. „Ich denke, als ich ankam, habe ich so etwas wie ein Heimatgefühl entwickelt. Die Menschen waren nett zu mir. Ich mag eure Kultur, eure Gastfreundschaft. In zehn Jahren musste ich meinen Wagen kein einziges Mal abschließen. Ich kann die Schlüssel einfach stecken lassen. Meine Wohnungstür ist auch immer offen gewesen. In Madrid könnte ich das nicht machen. Das mag ich. Wenn dieser verflixte Krieg nicht wäre, es wäre der Himmel hier. Sozusagen. Und überhaupt lasse ich meine Freunde nicht im Stich. Das habe ich noch nie gemacht. Damit fange ich jetzt auch nicht an."

Michael nickt.

„Ich wünsche dir eine sichere Heimfahrt", sagt er.

„Ich wünsche dir Kraft und Gottes Segen", antwortet Rodrigues und fährt davon.

Michael blickt ihm noch einen Moment lang nach.

Ich lasse meine Freunde nicht im Stich, denkt er. Schön gesagt.

Michael dreht sich um und beobachtet, wie die eben angekommenen Kinder neue Kleidung erhalten und ihre alten Sachen verbrannt werden. An ihrer Kopfverletzung erkennt Michael Hope. Ansonsten sieht sie nicht mehr wie das Mädchen aus, das sie noch vor zwanzig Monaten war. Eine gewisse Weichheit ist aus ihrem Gesicht gewichen. Es sieht härter aus. Langsam geht Michael auf Hope zu.

„Ich bin Michael Oruni", stellt er sich Hope vor.

Hope blickt Michael misstrauisch an. Hope ist wesentlich kleiner als Michael. Sie reicht ihm gerade mal bis zum Brustkorb, obwohl sie für ugandische Verhältnisse schon ziemlich groß ist. Für ein Mädchen.

Wer ist dieser Mann?, denkt sie. Was will er von mir?

„Du bist im Zentrum für ehemalige Kindersoldaten. Ich leite das Zentrum. Wir werden dir helfen", erklärt Michael Hope.

Hope reagiert nicht.

„Olive", ruft Michael einer seiner Therapeutinnen zu, „würdest du dich bitte um dieses Mädchen hier kümmern. Danke." Zu Hope sagt er: „Wir sehen uns später wieder. Ruhe dich aus. Alles ist gut."

Hope reagiert immer noch nicht. Olive nimmt Hope bei der Hand. Hope geht mit ihr.

Zunächst bringt Olive Hope zur Krankenstation. Die Krankenschwester verarztet Hopes Kopfverletzung, die aber nicht weiter schlimm ist. Die Wunde wird ausgewaschen.

„Du musst nicht genäht werden", sagt die Krankenschwester, „ein gutes Pflaster genügt."

Hope antwortet nicht. Olive nickt zufrieden.

Anschließend untersucht die Krankenschwester Hope auf andere Verletzungen, testet ihr Blut und den Urin. Der Urin ist sauber. Hope hat keine Krankheiten. Sie ist auch nicht HIV-positiv, wie die Blutwerte später ergeben werden. Hope hat Glück gehabt. Viele Mädchen kehren mit Geschlechtskrankheiten oder gar Aids aus dem Busch zurück.

Schnell stellt die Krankenschwester aber auch fest, dass Hope schwanger ist.

„Du kriegst ein Kind. Wusstest du das?", fragt sie Hope vorsichtig.

Hope stockt der Atem.

„Nein", sagt sie leise.

„Ja", sagt die Krankenschwester, „du bist schätzungsweise im vierten Monat."

„Ich heiße Hope. Ich bin ein Mädchen", sagt Hope und beginnt zu weinen.

„Ich weiß, du bist ein Mädchen", sagt Olive, „alles wird wieder gut."

„Ich kann kein Kind bekommen. Ich bin ein Kind", wiederholt Hope und blickt Olive flehend an.

„Komm. Wir gehen in mein Büro", sagt Olive und nimmt Hope wieder bei der Hand. Gemeinsam gehen sie in Olives Büro, wo Hope Wasser und Essen bekommt. Mindestens drei Liter Wasser trinkt sie dort. Hunger hat sie keinen.

Ich kriege ein Kind, denkt Hope. Das darf nicht sein. Das geht doch gar nicht.

„Erzähl mir, wer du bist, woher du kommst, wer deine

Eltern sind. Um den Rest kümmern wir uns später", sagt Olive.

Hope gibt ihren Namen, ihren Geburtsort und die Namen ihrer Eltern zu Protokoll. Anschließend macht Olive noch ein Foto von Hope. Für die Datei.

„Aber mein Vater ist tot", sagt Hope. „Ich habe ihn getötet."

„Denk jetzt nicht daran. Du brauchst nun erst einmal Ruhe, Hope. Ruhe und Schlaf", sagt Olive.

Sie führt Hope in eine der Baracken, wo Hope eine frisch bezogene Liege erhält. Es ist das erste Mal in ihrem Leben, dass Hope nicht auf dem Boden schlafen muss, dass sie eine Decke und ein Kissen hat. Für Hope fühlt sich das ungewohnt an. Sie schläft sofort ein, wacht aber wenige Stunden später wieder auf.

Es ist gegen zwanzig Uhr, als sie ihre Augen öffnet. Durch die Ritzen der Fenster scheint das Mondlicht in die Baracke. Hope hört das stete Atmen der anderen Kinder in der Baracke.

Fast wie damals, mit meinen Schwestern, denkt Hope und richtet sich auf ihrer Liege auf.

Ich kriege ein Kind, schießt es ihr wieder durch den Kopf.

Hope beginnt zu weinen.

Nein, das darf nicht sein, das darf nicht sein, denkt Hope und steht auf.

Sie verlässt die Baracke und geht ziellos über das Gelände. Am Brunnen lässt sie sich auf den Boden fallen.

Ich will nicht mehr leben, denkt sie. Ich kann nicht mehr leben. Alles ist vorbei.

Etwa dreißig Meter von ihr entfernt entdeckt Hope die Wäscheleine, an der Hosen und Hemden zum Trocknen hängen. Hope müht sich auf ihre Füße und geht zu der Leine. Sie reißt die Wäsche von der Leine und bindet dann die Leine von den Pfählen los. Hope blickt sich um. Am Rande des Zentrums entdeckt sie einen großen Mangobaum. Sie geht zu dem Baum. Dabei wickelt sie sich die Leine um den Hals.

Zur selben Zeit verlässt Michael sein Büro. Er hat den Rest des Tages damit zugebracht, Anträge für Gelder zu schreiben, mit den Verantwortlichen der ugandischen Armee zu sprechen und sich um allerlei Papierkram zu kümmern. Irgendwann zwischendurch hat er seine Kinder von der Schule abgeholt und nach Hause gebracht.

„Du arbeitest zu viel, Michael“, hat seine Frau gesagt, „musst du denn gleich wieder ins Zentrum?“

„Liebste, ja. Aber glaube mir, dieser Krieg ist irgendwann einmal vorbei. Dann hast du mich auch mehr zu Hause. Und die Kinder auch“, hat Michael geantwortet und sich, nachdem er seine Kinder und seine Frau noch einmal kurz umarmt und geküsst hat, wieder auf den Weg ins Zentrum gemacht.

Kurz bevor Michael an diesem Abend gegen zwanzig Uhr ins Auto steigt, sieht er, wie Hope auf den Mangobaum klettert. Er sieht die Leine, die von ihrem Körper baumelt, und weiß sofort, was Hope vorhat.

„Das darf doch nicht wahr sein!“, ruft er.

Michael lässt die Papiere, die er eigentlich zu Hause noch überarbeiten will, auf den Boden fallen und rennt los.

Hope ist gerade im Begriff, die Leine um einen Ast des Mangobaums zu wickeln und sich in die Tiefe fallen zu lassen, als Michael den Baum erreicht, wie eine Gazelle auf den Baum springt und Hope herunterholt.

„Bist du wahnsinnig?!“, ruft er aus.

„Ich will kein Kind haben. Ich bin ein Mädchen. Ich will nicht mehr leben“, weint Hope.

Michael ist völlig außer Atem. Er hält Hope in seinen Armen und nimmt ihr die Schlinge vom Hals. Hope heult wie von Sinnen. Der innere Schmerz zerreißt sie förmlich. Michael versucht, Hope zu beruhigen.

„Du hast dein Leben. Dein Leben, verstehst du? Das konnten sie dir nicht nehmen. Jetzt nimm es dir nicht selbst. Es ist Gottes größtes Geschenk, Hope. Dein Körper gehört dir, nur dir allein, wie auch das Baby dir gehören wird. Es ist deine Zukunft. Es ist Ugandas Zukunft. Wer der Vater ist, spielt doch keine Rolle. Es ist ein neues Leben, das du der Welt schenkst. Hope, verstehst du mich?“, sagt Michael.

„Aber es tut so weh. Es tut mir alles so weh. Ich kann nicht mehr“, sagt Hope, „ich kann nicht mehr weiter.“

„Doch, das kannst du. Du kannst weiterleben. Du musst weiterleben“, sagt Michael. Tränen füllen seine Augen.

Wann hat diese Hölle endlich ein Ende?, denkt er. Diese armen Kinder. Dieser verfluchte Krieg. Gott, gib mir die Kraft, ihnen zu helfen, gib Hope die Kraft, an ihrem Leben festzuhalten.

Bis zum frühen Morgen bleiben Michael und Hope unter dem Mangobaum sitzen. Hope erzählt Michael ihre Geschichte, wie alles begann, am 12. Dezember 1996, vor fast zwei Jahren. Akribisch genau berichtet sie ihm von ihrer Odyssee im Busch und von dem, was ihr dort widerfahren ist bis hin zu der Geschichte vom Schmetterling und der Rose. Michael hört zu, bis die Sonne aufgeht und Hope endlich einschläft.

❖ ❖ ❖

In den kommenden neun Monaten, in denen Hope im Zentrum für ehemalige Kindersoldaten lebt, wird sie noch lange unter Albträumen, Schlafstörungen und Depressionen leiden. Manchmal weiß Hope nicht mehr, was schlimmer war, die Zeit bei der Widerstandsarmee des Herrn oder die Erinnerung daran. In vielen Sitzungen, mit Michael oder Olive, berichtet sie immer wieder über die Erlebnisse. Von der Entführung bei Ayala bis zu ihrer Flucht in Uganda. Von den Menschen, die sie hat töten müssen. Von der schönen Salome, die vor ihren Augen getötet wurde, von anderen Kindern, die im Kampf starben. Von Joseph Kony, der all dies befohlen hat, von Vincent Otii, der sie immer wieder missbraucht, von seinem Adjutanten, der sie gequält hat.

Oft fällt es Hope schwer, sich zu konzentrieren.

„Das ist normal, Hope. Es sind Signale deines Körpers, deiner Seele. Sie spricht mit dir und zeigt dir, dass es ihr nicht gut geht. Aber das geht vorbei“, erklärt Michael Hope ihren Gemütszustand.

„Und warum bin ich manchmal so böse? Gestern habe ich einen Jungen geschlagen, nur, weil er mir im Weg stand“, sagt Hope.

„Auch das ist normal. Du hast etwas Schreckliches erlebt, das du noch nicht verarbeitet hast. Und ab und zu kommt das zum Vorschein. Versuch, dich zu kontrollieren. Versuch, dich zu verstehen“, antwortet Michael, der sich immer wieder Zeit für Hope nimmt.

Oft nimmt Hope auch an Gruppensitzungen teil, in denen die Kinder ihre Erfahrungen teilen.

„Wir leben alle in der gleichen Welt, in unserer Wirklichkeit. Wir haben alle schlimme Dinge durchgemacht. Nur wenn wir sie teilen, unsere Erinnerungen daran und was wir dabei empfinden, kann es uns eines Tages besser gehen“, erklärt Olive den Kindern den Sinn und Zweck dieser Gespräche.

Einigen Kindern fällt es schwer, sich zu öffnen, anderen weniger. In einer Sitzung sagt der zwölfjährige Julius: „Manchmal glaube ich, es gibt keine Hoffnung mehr. Am liebsten möchte ich wieder in den Busch zurück, um Menschen zu töten. Bei der Widerstandsarmee des Herrn waren die Regeln klar. Vielleicht sollte ich einfach wieder zurück in den Busch gehen.“

„Daran denke ich auch manchmal“, sagt Hope.

„Warum?“, fragt Olive.

„Die Regeln waren sehr einfach. Töten oder sterben“, sagt Hope.

„Aber diese Regeln werden doch durch Gewalt erzwungen, oder?“, fragt Olive.

„Ja“, sagt Hope. Julius nickt.

„Schaut“, sagt Olive, „Regeln sind gut. Aber sie dürfen nicht mit Gewalt erzwungen werden. Liebe und freier Wille, das sind die Grundpfeiler einer Gesellschaft. Unserer Gesellschaft. Der Acholi. Das versucht die Widerstandsarmee des Herrn zu zerstören. Und genau das dürft ihr nicht zulassen.“

Hope blickt zu Boden.

„Ich habe Kony nie verstanden“, sagt sie, „er predigt aus der Bibel und gleichzeitig tötet er Menschen. Das passt doch nicht zusammen.“

Olive überlegt einen Moment lang. Sie weiß, jedes Kind ist eine neue Herausforderung. Jedes Kind reagiert anders auf ihre Ausführungen. Einige verstehen schneller, andere langsamer oder überhaupt nicht. Trotzdem versucht sie es immer wieder.

„Kony hat euch gesteuert“, sagt sie, „das hat nichts mit

Gott, Glauben oder spiritueller Kraft zu tun. Ihr seid Kinder. Natürlich ist es einfach, euch zu Gehorsam zu zwingen. Das hat er ausgenutzt."

„Wie?", fragt Hope.

„Zum Beispiel durch die Rituale. Ihr habt mir doch von dem Öl berichtet", sagt Olive.

„Ja, das wir uns vor den Angriffen immer wieder auf die Körper reiben mussten, um unverwundbar gegen die Kugeln zu sein", sagt Hope.

„Genau", sagt Olive.

„Vielen hat es nicht geholfen. Sie sind trotzdem erschossen worden. Mir hat ein Mädchen allerdings gleich gesagt, dass es nicht hilft. Ich habe ihr geglaubt", berichtet Hope von Salome.

„Warum hast du ihr geglaubt", fragt Olive.

„Weil ich ihr vertraut habe. Ich hatte keine Angst vor ihr", sagt Hope.

„Genau. Vertrauen macht stark. Du hast dich nicht blenden lassen. Gewalt, blinder Gehorsam, all das beeinflusst dich, macht dich schwach und bringt dich letztendlich um", sagt Olive.

Die Kinder schweigen.

„Julius", sagt Olive.

„Ja?", antwortet Julius.

„Als du bei uns ankamst, da warst du launisch und böse, hattest keine Freunde und standest immer nur allein in der Ecke rum. Weißt du das noch?", fragt Olive.

„Ja", sagt Julius.

Hope blickt Julius an. Er erinnert sie an ihren Bruder James.

„Was ist dann passiert?", fragt Olive.

„Du hast dich um mich gekümmert. Ich habe dir meine

Geschichte erzählt. Du hast mich gebeten, mit den anderen zu spielen, mich an den Theatergruppen zu beteiligen", sagt Julius.

„Und dann?", fragt Olive.

„Das hat mir Spaß gemacht. Die anderen Jungen sind sehr nett. Ich bin gerne hier", sagt Julius.

„Versteht ihr?", fragt Olive die Gruppe. „Wenn wir anständig miteinander umgehen, uns umeinander kümmern, uns gegenseitig zuhören, erst dann werden wir zu richtigen Menschen. Das üben wir hier. Jeden Tag."

Hope nickt und streichelt sich über ihren Bauch, der von Woche zu Woche größer wird.

„Du hast Recht, Michael, die Widerstandsarmee des Herrn hat mich nicht zerstört, auch meinen Körper nicht. Er gehört mir. Mein Baby gehört mir", sagt sie nach der Geburt ihrer Tochter zu Michael. Die Schwangerschaft ist ohne Komplikationen verlaufen. Das Baby ist gesund. Hope nennt ihre Tochter Maria.

„Ich habe gute Nachrichten", sagt Michael an diesem Tag, dem 20. Juni 1998. Einem Samstag.

„Ja", antwortet Hope.

„Wir waren bei deinen Eltern. Dein Vater lebt. Du hast ihn nicht getötet", sagt Michael.

Hope kann die guten Neuigkeiten nicht fassen.

„Er lebt", sagt sie, „das ist das Schönste, was ich seit langer Zeit gehört habe."

„Ich weiß", sagt Michael.

„Hörst du, Maria", sagt Hope zu ihrer Tochter, „dein Großvater lebt. Du wirst ihn bald treffen."

„Genau", sagt Michael, „in ein paar Tagen, wenn du dich von der Geburt erholt hast, fahren wir gemeinsam zu ihnen. Du und ich."

„Können wir nicht gleich jetzt fahren, Michael?“, bittet Hope.

„In ein paar Tagen. Versprochen“, antwortet Michael.

„Warum nicht schon heute? Es geht mir doch gut“, bettelt Hope.

„Das geht nicht. Deine Familie muss sich auf den Besuch vorbereiten. Du warst lange Zeit fort von ihnen. Sie haben schlimme Dinge über die Widerstandsarmee des Herrn gehört. Lass ihnen die Zeit, sich auf dich zu freuen. Wir sollten nichts überstürzen. Du kannst mir vertrauen“, sagt Michael.

„Ich werde geduldig sein“, sagt Hope.

Michael nickt und geht, damit sich Hope ausruhen kann.

Drei Tage später fahren er, Hope und die kleine Maria in Hopes Dorf, das sie seit dem 12. Dezember 1996 nicht mehr gesehen hat.

Hope ist nervös. Trotz ihrer Freude über das bevorstehende Wiedersehen. Sie weiß nicht, wie ihre Eltern auf sie reagieren werden. Und die Geschwister.

Wird James da sein?, fragt sie sich. Was wird mein Vater sagen?

„Ich bin so froh, dass er lebt“, sagt Hope zu Michael, der den Jeep geschickt über die löchrigen Straßen manövriert. Vorbei an den Bussen, den *boda-boda*-Taxis, den Frauen, die ihre Lasten auf den Köpfen zum Markt tragen.

„Stell dir euer Wiedersehen nicht zu leicht vor“, sagt Michael, „viel ist passiert. Gib ihnen Zeit, gib dir Zeit. Nicht alles muss heute schon wieder wie früher sein. Das gilt nicht nur für deine Eltern. Das gilt auch für die anderen Familien in der Region. Wir sind eine Gemeinschaft, in der alle das Recht haben, eine Sache anzunehmen oder abzulehnen. Wenn nun jemand Angst vor dir hat, dann beeinträchtigt das die gesamte Gemeinde.“

Hope nickt, sagt aber: „Ich habe ihnen doch nichts getan. Warum sollten sie vor mir Angst haben?"

„Sie wissen, was andere Kindersoldaten anrichten mussten. Und sie wissen, dass du eine Kindersoldatin warst", sagt Michael.

„Ich verstehe", sagt Hope.

„Lass es einfach auf dich zukommen. Mach, was sie dir sagen. Sie meinen es nur gut mit dir. Wenn ich nicht diese Gewissheit hätte, wäre ich nicht mit dir hier", sagt Michael.

„Das werde ich", sagt Hope. Maria schläft zufrieden in ihren Armen.

Michael hat bereits mit den Ältesten der Siedlungen gesprochen und den Besuch gründlich vorbereitet. Nur so kann er sichergehen, dass es zu keinen Überraschungen für Hope kommt.

Als sie die Hütten bei Ayam erreichen, warten die Dorfbewohner bereits auf sie.

„Mach dir keine Sorgen. Es ist alles in Ordnung", sagt Michael und stoppt den Wagen.

Sie steigen aus, Hope wickelt Maria auf ihren Rücken, wo das Baby ruhig weiterschläft. Die Frauen klatschen in die Hände und singen ein Lied. Der Dorfprediger geht auf Hope zu und besprengt sie mit Weihwasser, als Zeichen der Reinigung. Anschließend soll Hope ein Ei zertreten.

„Hiermit soll die Vergangenheit endlich Vergangenheit sein und heute ein neues Leben für dich beginnen. Das alte existiert nicht mehr. Wir wollen das Neue und das Gute mit diesem Schritt begrüßen. Für dich, deine Familie und die Gemeinde", sagt der Prediger.

Hope zertritt das Ei. Die Gruppe jubelt.

Eine Frau geht auf Hope zu und reicht ihr eine Schale mit *mato oput,* dem Saft des Oputbaumes.

„Lass uns gemeinsam trinken", sagt sie.

Hope trinkt den Saft aus der Schale. Er ist bitter und schmeckt fürchterlich. Hope verzieht ihr Gesicht. Die Frau lächelt.

„Der Saft ist bitter, mein Kind. Wie das Leben bitter sein kann. Gemeinsam trinken wir diesen Saft, um zu zeigen, dass wir die Bitterkeit der Vergangenheit überwunden haben, dass du, mein Kind, zu uns gehörst", sagt der Prediger.

Hope nickt. Michael steht an den Jeep gelehnt und schaut der Zeremonie zu. Er hat schon viele davon gesehen und ist immer wieder beeindruckt, mit wie viel Würde und Freude die Menschen ihre Versöhnung und Vergebung zelebrieren.

Anschließend hält der Prediger eine kurze Rede. Sie handelt von Vergebung, von Toleranz, Verständnis und Mitleid und endet mit den Worten: „Du bist Gottes Kind. Wie wir alle Gottes Kinder sind."

Nachdem er das gesagt hat, bringt die Gruppe Hope zu ihrer Familie.

Hope ist nervös und von dem ganzen Trubel um sich herum auch überfordert. Aber sie lässt sich nichts anmerken und macht mit.

Zunächst sieht Hope ihre Mutter, die vor der Hütte der Eltern steht. Hope geht auf ihre Mutter zu und schließt sie in ihre Arme. Hope weint. Ihre Mutter auch. Die anderen Bewohner der Siedlungen klatschen in die Hände und singen. Es ist ein Fest. Hopes Großmutter, ihre Brüder und Schwestern kommen angerannt und umarmen Hope, die darüber fast Maria vergessen hat und erst wieder an ihre Tochter denkt, als die vom vielen Schaukeln anfängt zu weinen und sich so bemerkbar macht. Hope nimmt ihre Tochter vom Rücken und reicht sie ihrer Mutter.

„Das ist Maria, meine Tochter", sagt Hope.

„Sie ist wunderschön, wie du", sagt Hopes Mutter und wiegt Maria in ihren Armen.

„Wo ist Vater?", fragt Hope.

„Er ist in der Hütte. Vater ist sehr schwach. Aber er freut sich auf dich. Geh nur zu ihm", sagt Hopes Mutter.

Hope blickt ihre Mutter voller Sorge an.

„Es ist gut, Hope, geh zu ihm. Seit Tagen spricht er nur noch von dir", sagt Hopes Mutter.

Hope nimmt all ihren Mut zusammen, öffnet die *kika* zur Hütte ihrer Eltern und tritt hinein. Es ist schummrig in der Hütte und kühl.

Hopes Vater sitzt auf seinem Bett, das die Nachbarn für ihn gebaut haben. Eigentlich ist es nur eine Liege, aber bequemer als eine Strohmatte. Wegen seiner Verletzungen kann er nicht mehr auf dem Boden schlafen.

„Meine Hope", sagt Hopes Vater. Tränen laufen seine Wangen hinunter. Er streckt die Arme nach seiner Tochter aus.

„Vater", schluchzt Hope und lässt sich in den Schoß des Vaters fallen.

„Meine Hope, meine Hope", wiederholt ihr Vater immer wieder und streichelt seiner Tochter über den Kopf.

„Ich habe immer gewusst, dass wir uns wieder sehen werden", sagt Hopes Vater, „jetzt wird alles wieder gut."

Hope hilft ihrem Vater auf die Füße. Das Aufstehen fällt ihm schwer. Er hat Schmerzen. Immerzu. Vorsichtig verlassen sie die Hütte. Draußen werden sie von der klatschenden Menge begrüßt. Michael freut sich über die erfolgreiche Wiedervereinigung von Hope und ihrer Familie.

Bevor Michael, Hope und Maria zurück nach Gulu fahren, setzen sich alle um die Feuerstelle und essen gemeinsam Maniokbrei, Kartoffeln und Tomaten. Zur Feier des Tages gibt es dazu Hühner- und Ziegenfleisch. Denn es ist ein guter Tag, wie es ihn so viele in Hopes Familie nicht gibt. Das Essen schmeckt gut. Schon lange hat Hope keinen so guten Appetit gehabt wie heute. Maria sitzt auf dem Schoß ihres Großvaters, Michael zwischen Hopes Vater und ihrer Mutter. Hope ist glücklich.

Eigentlich ist es so wie früher, denkt sie und sieht sich ihre Familie an. Außer dass Großvater nicht mehr da ist. Und James. Das macht Hope traurig.

„Michael", sagt Hopes Vater.

„Ja", antwortet Michael und blickt Hopes Vater an.

„Wie wird es mit unserem Land weitergehen?", fragt Hopes Vater. „Was für eine Zukunft haben wir?"

„Die Welt kann nicht ewig ihre Augen verschließen", sagt Michael, „eines Tages wird es für das Acholivolk Gerechtigkeit geben. Davon bin ich überzeugt."

Hopes Vater nickt.

„Glaubst du, dass Kony ein Heiliger ist, mit übersinnlichen Kräften?", fragt Hopes Vater Michael.

„Nein, Unsinn, das glaube ich nicht. Er ist ein Terrorist, mehr nicht", sagt Michael.

„Aber es könnte doch sein, dass er Kräfte hat, die wir uns nicht erklären können. Woher soll sonst seine Macht kommen?", sagt Hopes Vater.

„Sicher", sagt Michael, „es könnte sein. Aber ich glaube es nicht."

„Wir Acholi glauben an Geister und übersinnliche Kräfte", sagt Hopes Vater.

„Das ist wohl wahr", sagt Michael.

Hope folgt dem Gespräch mit großem Interesse. Die anderen auch. Noch nie hat sie ihren Vater so reden gehört.

Vor meiner Entführung hat er die Wirklichkeit lieber nicht gesehen, denkt sie. Heute glaube ich, meinen Großvater zu hören, wenn mein Vater spricht.

„Sicher, Kony schüchtert die Menschen ein. Er bringt Terror über dieses Land. Aber könnte er das, wenn er nicht starke Verbündete hätte?“, sagt Hopes Vater.

„Ich denke, dass es für alles eine logische Erklärung gibt“, sagt Michael.

„Dann erkläre mir das“, sagt Hopes Vater.

„Ich glaube nicht“, sagt Michael, „dass Kony von Gott gesandt ist, wie er vorgibt, dass Gott durch ihn spricht. Er nutzt unseren Aberglauben, unsere Furcht vor dem Unbekannten, für seine Ziele aus. Wenn er denn Ziele hat. Bislang habe ich in den Interviews, die er gegeben hat, noch nichts von wirklichen politischen Zielen gelesen. Es ist Gerede, mehr nicht. Er weiß aber genau, wie er die Regeln unserer Kultur für sich und seine Leute missbrauchen kann. Zum Beispiel wissen wir alle, wie teuer und schwierig es für einen jungen Mann ist, eine Frau zu heiraten. Kony gibt seinen treuen Gefolgsleuten so viele Frauen, wie sie wollen. Als Trophäen, als Grund, bei ihm zu bleiben. Sie müssen auch nichts dafür tun. Außer zu töten. Dafür gibt er ihnen die Freiheit von unseren Regeln. Vielen, gerade den jungen Männern, gefällt diese Freiheit. Sie brechen mit der Moral unseres Volkes und werden zu seinen Werkzeugen. Schau, es gibt für alles eine Erklärung.“

Hopes Vater nickt mit dem Kopf.

„Das verstehe ich, Michael, aber macht das einen Sinn?“, fragt Hopes Vater.

„Nein. Nicht auf Dauer. Deswegen versuchen ja so viele Kindersoldaten zu fliehen. Seit Jahren spreche ich mit ihnen über ihre Erfahrungen in der Widerstandsarmee des Herrn.

Sie decken sich alle. Blinder, dumpfer Gehorsam, gepaart mit Gewalt und Terror, macht Konys Bande aus. Er ist der Kopf einer Kultbewegung. Mit Gott, Würde oder, lass es mich so sagen, mit uns, den Acholi, hat das gar nichts zu tun. Die Widerstandsarmee des Herrn ist eine Miliz, eine Partisanengruppe, keine Volksbewegung", sagt Michael.

„Kürzlich hat Kony ein neues Gebot ins Leben gerufen", sagt Hopes Vater.

„Ich weiß", antwortet Michael, „du sollst am Sonntag nicht Fahrrad fahren."

„Was soll das?", fragt Hopes Vater.

„Er will damit seine Macht beweisen. Mehr nicht. Er will den Menschen zeigen, dass er über sie bestimmen kann. Er weiß, dass die Acholi auf ihre Fahrräder angewiesen sind. Wer kann sich schon ein Auto leisten? Wer Kony nicht gehorcht, dem werden die Beine abgehackt. Alles ist reine Taktik. Es ist gut überlegt. Knallhart und brutal. Wer über die Widerstandsarmee des Herrn spricht, dem werden die Lippen herausgeschnitten, die Ohren abgetrennt oder die Augen ausgestochen. Ich habe das schon so oft gesehen. Kinder, die verstümmelt in mein Zentrum gebracht werden, damit sich die anderen fürchten, damit sie den Mund halten. Mit Gott und Glauben hat das nichts zu tun", sagt Michael.

„Warum kommen uns die anderen Länder nicht zu Hilfe, Michael?", fragt Hopes Vater.

„Weil ein Krieg im Herzen Afrikas niemanden interessiert. Weil es hier kein Öl gibt, weil die Welt am Öl des Sudan interessiert ist und Khartum braucht. Ohne die Unterstützung von Khartum könnte Kony nicht überleben", sagt Michael.

„Sicher. Wir leben in einer komplizierten Welt", sagt Hopes Vater.

„Aber es gibt Hoffnung“, sagt Michael.

„Die gibt es immer“, sagt Hopes Vater und streichelt seiner Enkelin über den Kopf.

„Wir müssen gehen, Hope. Sonst schaffen wir es nicht vor Anbruch der Dunkelheit nach Gulu zurück“, sagt Michael und steht auf.

Hope verabschiedet sich von ihrer Familie. Viel lieber würde sie hier bleiben, aber zum einen ist ihre Therapie noch nicht beendet, zum anderen ist es sicherer in Gulu für sie und ihre Tochter.

„Am liebsten würde ich euch alle mit nach Gulu nehmen. Aber bei uns ist es jetzt schon viel zu voll“, sagt Michael bei der Verabschiedung.

„Das kann ich mir gut vorstellen. Es ist schon mehr als ein Geschenk Gottes, dass Hope und Maria in Gulu bleiben können. Leider greift die Widerstandsarmee des Herrn immer wieder Dörfer an“, sagt Hopes Vater.

„Wir passen auf Hope auf“, sagt Michael.

Vier Stunden später sind Michael, Hope und Maria zurück in Gulu. Es ist kurz vor Einbruch der Dunkelheit. Tausende von Kindern säumen die Straßen. Sie kommen aus den umliegenden Dörfern und suchen Schutz vor der Widerstandsarmee des Herrn. Sie schlafen in den Hauseingängen, auf den Straßen und Hinterhöfen. Morgens gehen die Nachtwanderer, wie die Kinder genannt werden, zurück in ihre Dörfer.

Maria liegt an Hopes Brust, die ihre Tochter stillt.

„Gibt es wirklich noch Hoffnung für uns, Michael?“, fragt Hope.

Michael blickt Hope an.

Er lächelt und sagt: „Was meinst du?“

Hope blickt aus dem Fenster. Sie sieht die Kinder in ihren zerfetzten Hosen und Hemden, kleine ausgemergelte Körper, voller Furcht und scheinbar ohne Perspektive.

„Irgendwo muss es Hoffnung geben. Irgendwo", sagt Hope.

In einigen Jahren soll sie es sein, Hope, die ihrem Volk Hoffnung gibt. In einer Rede. Doch bis dahin ist es noch ein langer, entbehrungsreicher und oftmals schmerzhafter Weg für Hope, die ehemalige Kindersoldatin aus Norduganda.

❖ ❖ ❖

In den kommenden Wochen und Monaten trifft sich Hope regelmäßig zu Gesprächen mit Olive und nimmt an Gruppensitzungen teil. Sie hört den anderen Kindersoldaten zu. Sie erzählt ihnen ihre Geschichte. In kleinen Theateraufführungen spielen die Kinder Szenen ihrer Gefangenschaft nach. Jede Einzelheit wird dargestellt. Nichts wird verharmlost. Tag für Tag krempelt Hope ihre Seele um. In der Hoffnung, dass die tiefe Trauer und der tiefe Schmerz eines Tages nicht mehr da sein werden.

Hope macht gute Fortschritte. Ihre Depressionen weichen. Sie ist nicht mehr so launisch. Die Albträume werden weniger, auch wenn sie niemals ganz aufhören. Manchmal nimmt Michael Hope und Maria mit zum Fußballplatz am Ortseingang von Gulu. Hier trainiert er eine Mannschaft ehemaliger Kindersoldaten, die an den Wochenenden gegen das Fußballteam von Gulu spielen. Dies ist kleiner Schritt auf dem langen Weg, die Kinder wieder in die Normalität einzugliedern, den Menschen von Gulu zu zeigen, dass diese Jungen, die noch vor wenigen Wochen und Monaten mordend durch den Busch zogen, ganz normale Jungen sind, die eine zweite Chance verdient haben. Michaels

Ideenreichtum zahlt sich aus. Vielen Jungen fällt es nicht mehr so schwer, sich wieder in ein ziviles Leben einzufügen. Andere brauchen länger. Aber es gibt auch Rückschläge. Viele der ehemaligen Kindersoldaten, die durch das Zentrum gegangen und dort behandelt worden sind, werden nach ihrer Rückkehr in ihre Gemeinden erneut entführt, müssen erneut in der Widerstandsarmee des Herrn kämpfen. Für sie beginnt ein Teufelskreis, dem sie nicht entrinnen können. Häufig kommt es allerdings auch vor, dass ehemalige Kindersoldaten nicht wieder von ihren Familien oder Gemeinden aufgenommen werden. Zu groß ist der Graben zwischen ihnen und den Menschen dort geworden. Da nützt es auch nichts, wenn Michael und sein Team immer wieder auf die Menschen einzureden versuchen und ihnen erklären, dass die Kinder nur zu Werkzeugen des Tötens gemacht worden sind, aber daran selbst keine Schuld tragen.

„Es ist wie ein Kampf gegen Windmühlen, Hope. Manchmal auf jeden Fall", sagt Michael zu Hope.

„Vielleicht können wir ja helfen", schlägt Hope vor.

„Wie?", fragt Michael.

„Nun, einige von den Mädchen und ich haben da so eine Idee. Wir haben uns überlegt, in die Gemeinden zu gehen, um dort unsere Geschichten zu erzählen. So, wie wir sie uns hier erzählen und nachspielen", erklärt Hope.

„Das ist eine fantastische Idee, Hope", sagt Michael.

„Wir wollen damit gleich am Sonntag beginnen", sagt Hope.

„Dann los, ich bin sehr gespannt darauf", sagt Michael.

Bis zum Wochenende sind es nur noch drei Tage. Gerade mal Zeit genug für die Mädchen, sich ein Programm zu überlegen, das sie aufführen können. Hope und ihre Freundinnen machen sich gleich daran, etwas Geeignetes auszuarbeiten und einzuüben. Auch wenn die Proben oft hart sind, traurige Gedanken zurückkehren und die schlimmen Erlebnisse wieder lebendig gemacht werden, so hilft es den Mädchen doch, sich ihrer Vergangenheit immer wieder zu stellen und auch eine gewisse Distanz dazu zu entwickeln. Manchmal glauben sie sogar, sie beobachten sich selbst von außen. Für Hope schafft das Klarheit und einen besseren Einblick in ihr Inneres. Allein schon deshalb ist die Idee eine gute Idee gewesen. Für Hope und ihre Freundinnen.

Am Abend vor ihrer ersten Kundgebung besucht Hope den lokalen Radiosender von Gulu. Sie bittet um ein Gespräch mit dem leitenden Redakteur und fragt ihn, ob sie für die neue Initiative der Kindersoldaten nicht ein wenig Werbung im Radio machen dürfe. Der Journalist ist sofort von der Idee begeistert.

„Wir haben zu wenige junge Menschen in diesem Land, die ihr Schicksal selbst in die Hand nehmen und ihre Zukunft verbessern wollen. Ich lasse dich gleich auf Sendung“, sagt er.

Zehn Minuten später spricht Hope im Radio über ihre Initiative.

„Was wollen du und deine Freundinnen erreichen?“, fragt der Moderator.

„Viele Menschen glauben, dass wir, die Kindersoldaten, Täter sind. Das sind wir aber nicht aus eigenen Stücken geworden. Wir sind dazu gezwungen worden. Wir sind Kinder, die wieder als Kinder angesehen werden wollen. Ich und meine Freundinnen wollen nicht länger verurteilt werden. Wir wollen nicht mit einem Kainsmal durchs Leben laufen, das uns gefangen hält. Wir wollen nicht wieder zu neuen Gefangenen werden, wir wollen frei sein und wieder atmen können. Wir sind Kinder und Menschen“, rattert

Hope ihren vor dem Gespräch auswendig gelernten Text wie ein Maschinengewehr herunter.

„Verstehe. Kannst du uns das an einem konkreten Beispiel deutlich machen?“, fragt der Moderator.

Hope ist es ein wenig peinlich, wie schnell sie gesprochen hat, und überlegt, was sie nun erzählen soll. Darauf war sie nicht vorbereitet. Etwas aus ihrer eigenen Erfahrung. Hope denkt nach und erinnert sich schnell an eine Sache, die ihr selbst erst vor ein paar Tagen passiert ist.

„Ich war mit meiner Tochter auf dem Markt in Gulu. Ich wollte neuen Bindfaden kaufen, um einige Hemden und Hosen zu nähen. Meine Tochter Maria schlief auf meinem Rücken. Als ich dabei war, zu bezahlen, hörte ich einige Jungen rufen: ‚Hey, du Schlampe mit deinem Bastard. Geh doch zurück in den Busch. Da, wo du hingehörst, du Hure.‘ Das hat mir sehr weh getan. Und es ist auch schon häufiger vorgekommen. Nicht nur mir, vielen von uns ehemaligen Kindersoldaten passiert das“, sagt Hope, die sich darüber wundert, wie viel leichter es ihr heute fällt, über diese Dinge zu reden, als noch vor einem Monat.

„Warum, meinst du, sagen Leute so etwas zu dir?“, fragt der Moderator weiter.

„Keine Ahnung. Wahrscheinlich, weil sie nicht wissen, wie das Leben im Busch ist, was wir durchmachen mussten“, sagt Hope.

„Das kann ich mir gut vorstellen. Vielen Dank für das Gespräch, Hope. Bleibt nur noch zu erwähnen, wo ihr morgen sein werdet, um über euer Leben zu berichten“, sagt der Moderator.

„In Awer“, antwortet Hope. Sie ist ein bisschen stolz auf sich selbst. Immerhin war dies ihr erster Radioauftritt.

Am nächsten Morgen, nachdem Michael und seine Familie den Gottesdienst besucht haben, fährt er Hope und ihre Freundinnen nach Awer, etwa dreißig Minuten westlich von Gulu entfernt.

Hopes Auftritt im Radio hat sich gelohnt. Das gesamte Dorf hat sich auf dem Marktplatz versammelt. Es sind Hunderte von Menschen, die bereits auf der staubigen Erde auf die Mädchen warten. Die Kinder hängen in den Bäumen oder harren auf den Dächern der Hütten in der heißen Sonne aus. Die Szene gleicht einem Volksfest.

Hope und ihre Freundinnen gehen in die Mitte des Platzes und beginnen ihr Programm. Zunächst stellen sie sich vor, dann spielen sie ihre Entführungen nach, dabei tauschen sie immer wieder die Rollen. Mal ist Hope die Entführte, dann wiederum spielt sie einen der Entführer. Zum Schluss erzählt Hope noch einmal den Grund, weswegen sie und ihre Freundinnen an diesem Tag hier sind und warum sie diese Arbeit fortsetzen wollen.

„Wir wollen nicht länger verurteilt werden. Wir wollen eine zweite Chance. Wir sind Ugandas Kinder. Wie ihr es seid", sagt Hope, die mittlerweile schweißgebadet ist.

Das Publikum hört gespannt zu. Nicht nur, weil hier ein paar ehemalige Kindersoldaten etwas aufführen, nein, nicht oft bekommen sie Unterhaltung geboten. Eigentlich nie. Von daher ist das Programm eine gelungene Abwechslung zu ihrem tristen Alltag. Zum Schluss applaudieren sie wild.

Michael ist überrascht. Er hätte nicht gedacht, dass Hopes Idee auf so viel Resonanz stoßen würde.

„Fantastisch. Einfach toll", sagt er zu den Mädchen, als er sie zurück nach Gulu fährt. Zur Belohnung bringt er sie in ein Café und kauft jedem Mädchen eine Fanta.

„Ich bin so stolz auf uns", sagt Hope.

„Das darfst du auch sein. Das dürft ihr alle sein. Ihr

macht eine wunderbare Sache, die ganz, ganz wichtig für alle Kindersoldaten ist", lobt Michael die Mädchen.

Er verspricht, sich für die Initiative einzusetzen, sie bei der Regierung und bei der Armee bekannt zu machen. Nur ein Jahr später haben die Mädchen, zu denen sich immer mehr gesellen, einen eigenen Club gegründet, halten regelmäßige Treffen ab, haben einen eigenen alten VW-Bus mit Lautsprechern organisiert und sich den Ruf als Friedensvermittlerinnen im Norden Ugandas erarbeitet.

„Wie fühlt sich das an?", fragt der Radiomoderator Hope, als er sie wieder einmal in seine Sendung einlädt.

„Gut. Sehr gut. Aber dies ist erst der Anfang. Der Krieg ist noch lange nicht vorbei. Unzählige Kinder sind noch im Busch. Vielen, vielen Kindern fällt es schwer, sich wieder in ein normales Leben einzuordnen. Wir tragen unseren kleinen Teil dazu bei, es ihnen leichter zu machen", sagt Hope.

„Ich wünsche dir viel Glück", wünscht der Radiomoderator Hope.

Hope lächelt. Sie hat das Gefühl, endlich etwas wirklich Sinnvolles zu tun.

❖ ❖ ❖

Hope geht es immer besser. Die Therapieerfolge verfestigen sich. Nebenbei erlernt Hope noch den Beruf der Schneiderin, um für ihren Lebensunterhalt und den ihrer Tochter Maria selbst aufzukommen. Bis sie nach neun Monaten wieder in der Lage ist, an einem halbwegs normalen, zivilen Leben teilzunehmen. Für Hope ist es nun an der Zeit, das Zentrum für ehemalige Kindersoldaten zu verlassen.

„Bist du traurig darüber?", fragt Michael.

„Nein. Ich freue mich auf mein eigenes Zimmer in der Stadt", sagt Hope.

Michael hat ihr und Maria ein Zimmer zur Untermiete in einem Haus in der Stadtmitte von Gulu organisiert. Die Miete beläuft sich nur auf wenige Schillinge im Monat, die Hope bei der Eigentümerin des Hauses nachmittags an der Nähmaschine abarbeiten kann. Morgens, wenn Hope endlich wieder die Schulbank drücken darf, passt die Frau auf Maria auf. Hope ist sehr froh über diese Lösung, die Michael für sie gefunden hat.

Da Gulu eine kleine Stadt ist und Hopes Schule nur wenige Minuten zu Fuß vom Zentrum für ehemalige Kindersoldaten entfernt liegt, fällt es ihr nicht schwer, ab und zu bei Michael und seinem Team vorbeizuschauen. Die Wochenenden verbringt Hope mit ihren Freundinnen, um den Menschen Nordugandas von ihren Schicksalen zu berichten.

Für den Augenblick führt Hope ein erfülltes Leben. Sie denkt nicht mehr daran, wer der Vater ihrer Tochter sein könnte. Ob Otii oder sein Adjutant. Es spielt nun wirklich keine Rolle mehr für sie. Auch dass sie die verlorene Schulzeit nachholen muss, ist für Hope nicht weiter schlimm. Selbst wenn sie die Älteste in ihrer Klasse ist. Die Schule macht ihr große Freude. Sie lernt mit Eifer und Erfolg. In wenigen Wochen ist sie bereits die drittbeste Schülerin ihres Jahrgangs.

Natürlich möchte Hope viel lieber bei ihren Eltern in der Nähe von Ayam leben. Ganz bestimmt. Doch sie weiß nur zu gut, wie gefährlich das für sie wäre. Und das Letzte, was Hope will, ist, noch einmal entführt zu werden. Das würde sie nicht überleben. Keinen Tag. Otii und seine Schergen würden sie auf der Stelle töten. Sie und ihre Tochter. Das darf Hope nicht riskieren. Gulu ist die beste Lösung. Für den Moment jedenfalls. Alle vier Wochen fährt sie ihre Familie besuchen. Wann immer sie ein paar Schillinge für den Frühbus nach Ayam übrig hat, der sie dann am späten Nachmittag wieder nach Gulu bringt. Für den Moment gibt es keine andere Lösung. Hope weiß und akzeptiert das. Sie ist ein kluges, ein vernünftiges Mädchen. Noch vernünftiger, als sie es vor ihrer Entführung war. Hope hat einen Reifeprozess durchgemacht, wie wenige Zwölf- oder Dreizehnjährige ihn je in ihrem Leben durchmachen werden. Sie ist durch die Hölle gegangen. Mehrfach und zurück. Sie hat Dinge in ihrem jungen Leben gesehen, die sich die wenigsten Menschen vorstellen können. Andere Menschen haben ihr Dinge angetan, die unbeschreiblich sind, sie wiederum hat anderen Menschen Dinge antun müssen, die ebenso jeder Vernunft und jedem menschlichen Gefühl spotten. Oftmals schämt sich Hope noch heute dafür, sagt sich aber immer wieder, dass es nicht ihre Schuld ist, dass Kony und seine Kommandeure sie zu Gewalt und Terror gezwungen haben, sie anderen Menschen nicht aus freien Stücken Ungeheures angetan hat und dies auch niemals tun würde. Denn auch wenn sie diese Erklärungen gegenüber anderen immer wieder predigt, hat Hope ihre Vergangenheit nicht vollends für sich verarbeitet. Vermutlich wird sie es niemals ganz schaffen. Das weiß Hope. Aber jeder Schritt nach vorne ist ein guter, ein wichtiger Schritt für sie und ihre Tochter. Das hat sie Maria versprochen. Zu leben. Zu lernen. Zu geben. Und zu hoffen. Jeden Tag aufs Neue. Und so vergehen die nächsten Jahre wie im Flug. Maria wird größer, lernt, zu laufen und zu reden. Die Schule wird anspruchsvoller, macht Hope aber immer mehr Spaß. Nach wie vor lebt sie in Gulu, getrennt von ihrer Familie, doch die Eigentümerin des Hauses ist wie eine zweite Mutter zu ihr und wie eine wirklich gute Ersatzgroßmutter zu Maria. Hope geht es gut.

„Ich habe hier eine Einladung erhalten", sagt Michael eines Tages zu ihr, als Hope auf eine Tasse Tee zwischen Schule und Nähmaschine im Zentrum für ehemalige Kindersoldaten vorbeischaut.

„Aha", antwortet Hope und kippt sich den fünften Löffel Zucker in die Tasse.

„Warum isst du den Zucker nicht einfach so? Dann sparen wir Wasser", scherzt Michael.

Hope und Michael lachen.

„Dieses Jahr veranstalten die Vereinten Nationen eine Konferenz zum Thema Kindersoldaten. In Kanada", beginnt Michael Hope zu erklären, „dabei geht es um eure Rechte, um deine Rechte."

„Und dahin bist du eingeladen? Toll. Du hast bestimmt eine Menge zu erzählen", sagt Hope.

„Das ist nicht wirklich der Fall, Hope", sagt Michael.

„Wieso?", fragt Hope.

„Der Punkt ist, ihr sollt reden, es geht um euch, um eure Zukunft und nicht um die Zukunft der Erwachsenen. Schließlich ist es ja ein Kindergipfel", sagt Michael.

„Du meinst ...", beginnt Hope.

„Ich habe die Anfrage erhalten, ob ich nicht jemanden wüsste, der sich gut ausdrücken und doch mit Gefühl über die Situation der Kinder in Uganda sprechen kann. Da fielst du mir ein", sagt Michael.

„Aber Maria. Wer passt auf sie auf?", sagt Hope wie aus der Pistole geschossen.

„Keine Sorge. Sag mir erst mal, ob du überhaupt vor der Welt sprechen möchtest, den Vereinten Nationen. Vielleicht interessiert es dich ja gar nicht", sagt Michael.

„Natürlich interessiert es mich. Was denkst du denn? Natürlich möchte ich fahren. Ich war noch nie aus Uganda fort. Na ja, den Südsudan rechne ich nicht wirklich dazu. Eine Reise? Nach Kanada? Ich danke dir, Michael. Ich danke dir", sagt Hope, rennt um Michaels großen Schreibtisch herum und umarmt ihn herzlich, wie eine Tochter ihren Vater, was Michael für sie auch geworden ist, eine Vaterfigur.

„Tja, irgendwie habe ich mir diese Antwort von dir schon gedacht. Deswegen haben Olive und ich eine kleine Überraschung für dich vorbereitet", sagt Michael und nimmt Hope mit in Olives Büro.

„Sie hat ja gesagt", bemerkt Olive, als Michael und Hope in ihr Büro treten.

„Natürlich hat sie das", sagt Michael und grinst übers ganze Gesicht.

„Tja, dann brauchst du jetzt nur noch etwas Passendes zum Anziehen für deinen großen Moment", sagt Olive und reicht Hope einen großen, weißen Karton.

„Was ist das?", fragt Hope und blickt Olive und Michael mit großen, verwunderten Augen an.

„Mach den Karton doch einfach auf", sagt Olive.

Hope öffnet den Deckel des Kartons und zum Vorschein kommt ein wunderschönes weißes Kleid, schöner, als Hope es sich jemals hätte erträumen können.

„Das ist nicht wahr", sagt sie, „das ist nicht wahr."

„Also für mich sieht das ziemlich echt aus", sagt Michael in großer Bewunderung für das Kleid.

„Für mich auch", sagt Olive.

„Ich weiß nicht, was ich sagen soll. Ich danke euch so sehr. Wenn mich doch nur meine Eltern jetzt sehen könnten. Das würde mich noch glücklicher machen", sagt Hope.

„Du zeigst es ihnen nach Kanada. Wir müssen uns jetzt

um deine Papiere kümmern. Du brauchst einen Pass, ein Visum, ach, tausend Dinge“, sagt Olive.

Unter dem Kleid, in einer Ecke des Kartons, entdeckt Hope aber noch etwas. Eine kleine Brosche in der Form einer Rose.

„Sie ist wunderschön“, sagt Hope, „woher wisst ihr, dass ich Rosen so sehr mag?“

„Du selbst hast es mir erzählt. Unter dem Mangobaum. Erinnerst du dich nicht mehr?“, sagt Michael.

„Nicht wirklich, nein“, sagt Hope.

„Ich aber. Ich bin wie ein alter Elefant. Ich vergesse nichts“, sagt Michael.

„Ich danke dir sehr, Michael. Von ganzem Herzen“, sagt Hope.

„Nein, wir danken dir, Hope“, antwortet Olive, „du wirst vor der ganzen Welt sprechen. Über unser Land. Unsere Träume. Unser Leben. Das ist etwas Besonderes.“

Lange betrachtet Hope die Brosche, die sie zwischen den Fingern hält.

Hope ist glücklich.

❖ ❖ ❖

Vor ihr liegt die Startbahn des Flughafens von Entebbe, eine Autostunde von Kampala entfernt. Hope blickt aus dem Fenster der British-Airways-Boing. In der Ferne sieht sie die Ufer des Viktoriasees, am Horizont liegt Kenia.

Hope trägt eine schwarze Jeans, ein weißes Hemd und eine leichte, schwarze Jacke.

Michael hat Hope zum Flugzeug gebracht und ihr versprochen, sich bis zu ihrer Rückkehr aus Kanada um Maria zu kümmern.

„Es sind ja nur ein paar Tage, Hope. Und es ist für eine gute Sache", sagt er, kurz bevor Hope in die Abfertigungshalle geht.

„Ich weiß, aber Kanada ist so weit weg und eigentlich will ich Uganda gar nicht verlassen", sagt Hope.

„Du kommst ja wieder. Maria ist sehr gut bei meiner Frau und mir aufgehoben. Keine Sorge", sagt Michael.

„Ich weiß", sagt Hope.

„Dann ist ja gut", antwortet Michael.

„Michael", sagt Hope, bevor sie durch eine Glastür verschwindet.

„Ja, Hope", antwortet Michael.

„Wenn du mich damals nicht vom Baum geholt hättest, gäbe es heute zwei Menschenleben weniger in Uganda. Ich danke dir", sagt Hope.

„Nein. Ich danke dir, dass du das Leben und nicht den Tod gewählt hast. Dein Leben und das Leben deiner Tochter", sagt Michael.

Hope lächelt, dreht sich um und geht.

Michael atmet kräftig durch und fährt zurück nach Kampala, wo er bei Freunden übernachtet, bis er am kommenden Morgen die vierstündige Fahrt nach Gulu auf sich nimmt.

„Entschuldigen Sie", spricht die Stewardess Hope an.

Hope antwortet nicht.

„Würden Sie sich bitte anschnallen. Wir werden gleich starten", bittet die Stewardess.

Hope blickt sich nach den beiden Gurtteilen um, findet sie, hat aber Schwierigkeiten, die beiden Enden zusammenzustecken.

„Warten Sie, ich helfe Ihnen", sagt die Stewardess und schließt den Gurt.

„Danke“, sagt Hope.

„Keine Ursache“, sagt die Stewardess, „wir wollen doch nicht, dass Ihnen etwas passiert.“

Hope nickt und guckt wieder aus dem Fenster.

Wenige Minuten später startet die Maschine. Sanft und geschmeidig gleitet sie in den Himmel. Hope lehnt sich näher ans Fenster heran, um einen besseren Blick auf die Erde zu haben.

Wie grün alles ist, denkt sie. Wie satt und gesund alles von hier aus aussieht. Schön. Was für ein schönes Land ist Uganda doch.

Gut acht Stunden später landet das Flugzeug in Heathrow bei London. Hope muss in die Maschine nach New York umsteigen, dort nimmt sie ihren Flug nach Winnipeg in Kanada. Ohne Schwierigkeiten findet sie die richtigen Abflughallen und Anschlußflüge. Gut fünfzehn Stunden später kommt Hope in Winnipeg an. Es ist Freitag, der 27. Oktober 2000.

„Wie war der Flug, Hope?“, fragt die Mitarbeiterin der Vereinten Nationen, die Hope vom Flughafen abholt. Auf ein großes Schild hat sie „Hope“ geschrieben und am Ankunftsterminal auf sie gewartet. Hope sieht sie sofort. Die Frau stellt sich als Patricia Borden vor.

„Sehr gut“, sagt Hope.

„Ist dir auch nicht schlecht geworden? Diese Flüge können es ganz schön in sich haben. Mir wird regelmäßig übel“, sagt Patricia Borden.

„Nein. Mir geht es gut“, antwortet Hope.

„Gut. Dann fahren wir am besten gleich ins Hotel. Da kannst du dich erst einmal von der Reise erholen. Morgen wird es sehr aufregend für dich werden“, sagt Patricia Borden.

In einem Wagen der Vereinten Nationen, einem überdimensional großen Chrysler, fahren Hope und Patricia Borden vom Flughafen in die Innenstadt von Winnipeg.

Stumm blickt Hope aus dem Fenster. Sie versinkt förmlich in den Polstern des Wagens. Patricia Borden redet unentwegt in ihr Mobiltelefon.

„Ich habe noch so viel zu erledigen. Du glaubst gar nicht, was hier los ist. Dieser Gipfel ist die Hölle. Regierungschefs. Tausende von Gästen. Sicherheitskontrollen überall. Die Hölle", sagt Patricia Borden zwischen zwei Gesprächen.

Hope blickt sie an.

Wovor haben alle Angst?, fragt sich Hope, kommt aber nicht dazu, Patricia Borden zu fragen, die schon wieder energisch telefoniert, dabei immer wieder an ihrem grauen Rock zupft.

Hope blickt weiter aus dem Fenster. Sie staunt über die Größe der Stadt und kann die für sie gigantischen Ausmaße kaum fassen.

„Schön, nicht wahr?", fragt Patricia Borden, spricht aber gleich am Telefon weiter.

„Ja", antwortet Hope, „sehr schön."

Es ist um die Mittagszeit, als Hope ihr Hotel im Stadtzentrum erreicht. Patricia Borden erledigt alle Formalitäten für Hope, die langsam ihre Müdigkeit spürt.

„So, hier ist der Schlüssel", sagt Patricia Borden und reicht Hope eine kleine, weiße Karte.

Hope nimmt die Karte und blickt Patricia Borden fragend an.

„Natürlich, wie dumm von mir. Ich komme mit dir aufs Zimmer", sagt Patricia Borden, lächelt verlegen und begleitet Hope auf ihr Zimmer.

„Diese Karte ist wie ein Schlüssel. Du steckst sie in diesen Schlitz, ziehst sie wieder raus, ein grünes Licht leuchtet, und die Tür ist auf", demonstriert Patricia Borden Hope, wie die Karte funktioniert.

„Wenn du Hunger hast, rufe einfach den Roomservice an. Wir regeln das mit der Rechnung später. Ich habe jetzt noch viele, viele Termine. Morgen hole ich dich um 8.30 Uhr ab. Hier ist dein Programm", sagt Patricia Borden, reicht Hope einen Umschlag, lächelt und geht.

Die Tür fällt ins Schloss. Hope bleibt allein in dem Zimmer zurück.

Langsam geht Hope durch den Raum, macht die Lichtschalter an und sieht sich um. Sie sieht ein großes, weiß bezogenes Bett, einen Fernseher, einen Schreibtisch, einen Stuhl. Die Möbel sind braun und beige. Um die Ecke ist ein kleines Badezimmer. Hope setzt sich aufs Bett und blickt in den Raum. Eine gute halbe Stunde lang.

Anschließend geht sie ins Bad. Sie dreht den Wasserhahn auf. Sie dreht den Wasserhahn wieder zu. Sie hebt die Toilettenbrille an. Sie lässt die Toilettenbrille wieder fallen. Sie probiert die Spülung aus. Alles beobachtet sie mit Interesse und Verwunderung.

Wenn das meine Eltern nur sehen könnten, denkt sie und geht zurück zum Bett. Ohne sich ihre Kleidung auszuziehen, legt sich Hope unter die Decke und schläft sofort ein.

Am kommenden Morgen erst erwacht Hope wieder. Es ist Samstag, der 28. Oktober 2000.

Hope steht auf und öffnet ihre Reisetasche. Sie putzt sich die Zähne, wäscht sich das Gesicht und wechselt in ihr weißes Kleid, das ihr Olive und Michael geschenkt haben. Hope sieht sehr schön aus.

„Wie ein Engel", sagt Patricia Borden, die Hope pünktlich um 8.30 Uhr abholt.

Zu Fuß gehen sie zum Konferenzgebäude. Der Weg dorthin dauert nur wenige Minuten.

Patricia Borden führt Hope durch die Sicherheitsschleusen in den modernen Bau.

„Wir sind gleich da. Hast du Hunger? Musst du noch mal zur Toilette?", fragt Patricia Borden, als sie Hope an die Hand nimmt und zur Hauptversammlung führt.

Hope schüttelt den Kopf. Wie könnte Patricia Borden auch nur im Entferntesten ahnen, dass Hope ohne weiteres eine Woche lang ohne Nahrung auskommen kann, vom Gang auf die Toilette ganz zu schweigen.

Rechts neben dem Rednerpult setzt sie Hope auf einen Stuhl. Neben Hope warten schon Kinder aus Kolumbien, dem Balkan und Asien. Hope repräsentiert Afrika. Auf Hope wirken die Kinder sehr gelassen. Auch Hope zeigt keine Nervosität. Sie ist die älteste Sprecherin.

„Denk dran, du hast nur drei Minuten Zeit. Halte dich daran. Ein Kinderspiel", sagt Patricia Borden und geht.

Die Versammlung ist voll besetzt. Hope sind die Menschen allesamt fremd. Ihr fällt lediglich auf, dass alle in einer guten Stimmung sind und lächeln.

Hope hat sich ihre Rede auf ein Stück Papier geschrieben, das sie zwischen ihren Fingern hält. Nach dem Mädchen aus Kolumbien ist Hope an der Reihe.

Ein Saaldiener führt sie zum Rednerpult, vor dem ein kleiner Schemel für die Kinder steht, damit sie auch über das Pult gucken können. Hope ist groß genug. Sie braucht den Schemel nicht.

In der Versammlung ist es totenstill. Fast alle Nationen der Welt sind heute hier versammelt. Dutzende Vertreter ihrer Länder blicken in diesem Moment auf Hope. Für drei Minuten hat sie ihre ungeteilte Aufmerksamkeit.

Hope räuspert sich und spricht frei, ohne auf ihren Zettel zu blicken, ins Mikrofon: „Mein Name ist Hope Aloyo Obonyo. Ich bin ein Mädchen aus Uganda. Ich war eine Kindersoldatin. Noch heute spüre ich einen großen Schmerz in meiner Seele, wenn ich an die Zeit bei der Widerstandsarmee des Herrn zurückdenke. Es fühlt sich wie eine große Wunde an, die nie ganz vernarben wird. Ich weiß nicht, wie ich diese Wunde für immer schließen kann. Oft, wenn es mir schlecht geht, platzt die Narbe wieder auf. Vermutlich werde ich für alle Ewigkeit unter meiner Geschichte leiden. Das ist mein Schicksal und vielleicht sogar meine Bestimmung. Aber ich habe noch Glück. Meine Familie ist für mich da. Andere ehemalige Kindersoldaten haben es schwerer als ich. Sie werden nicht wieder von ihren Familien aufgenommen. Weil sie ihnen zu viel Schmerz zugefügt haben. Sie werden auch nicht wieder in ihren Dörfern akzeptiert. Weil sie als Täter und nicht als Opfer angesehen werden. Das ist schlimm für die Kinder. Auch ich werde oft von Leuten beschimpft. Meine Tochter auch. Geh doch wieder in den Busch mit deinem Kind! Da gehörst du hin, sagen sie. Das tut mir sehr weh. Wir ehemalige Kindersoldaten stehen zwischen den Fronten. Das möchte ich ändern. Sonst haben wir niemals Frieden. Weder in Uganda noch sonst wo auf der Welt. Das wollte ich Ihnen sagen. Deshalb bin ich hier. Vielen Dank."

Den Applaus der Versammlung nimmt Hope kaum wahr, als sie vom Rednerpult hinuntersteigt und wieder zu ihrem Platz geht.

Hope sitzt auf ihrem Stuhl. Ihr Blick geht ins Leere. Sie sehnt sich nach ihrer Tochter, nach dem tiefen Grün Ugandas, nach dem Duft der Pflanzen, dem Geschmack von Maniokbrei mit ganz viel Zucker, nach den *boda-boda*-Taxis. Sie sehnt sich danach, barfuß die Erde unter ihren Füßen zu spüren, nach dem Geschmack frischer Mangos, deren Saft ihre Finger verklebt und deren Fleisch sich zwischen ihren Zähnen verfängt. Sie sehnt sich nach dem *wangoo* mit ihrer Familie unter dem unbeschreiblich schönen Mondlicht Afrikas.

Hope sehnt sich nach daheim. Wo sie zu Hause, wo Hope glücklich ist. Der einzig wahre Platz für sie auf der Welt. Uganda. Heimat. Hopes innerer Frieden. Ihre Welt.

Epilog

Am Nachmittag des 20. September 2005, einem Donnerstag, streifen gut vierhundert Kindersoldaten durch den Dschungel des Kongo. Unweit von Kumuru, weniger als einhundert Kilometer von der nordugandischen Grenze entfernt, ist der Dschungel zwar noch nicht so tiefgrün und undurchdringlich wie sonst an den meisten Stellen des Kongo, aber schon dicht genug, um sich gut verstecken zu können. Hier etwas auszumachen ist so gut wie unmöglich. Der Urwald bietet ein perfektes Versteck. Für Tiere, die nicht gefangen, und Milizen, die nicht entdeckt werden wollen.

„Halt", befiehlt Joseph Kony dem Trupp, den er anführt. Vincent Otii, die Nummer zwei der Widerstandsarmee des Herrn, geht hinter ihm.

Die Kinder bleiben stehen. Keiner sagt ein Wort.

Kony dreht sich um. Durch die Baumwipfel hindurch blickt er in den Himmel. Riesige, weiße Vögel drehen ihre Kreise.

„Kraniche?", fragt Kony Otii.

„Mag sein", antwortet Otii und setzt sich auf den feuchten Boden.

Diese Nässe macht mich fertig, denkt er. Zugleich weiß Otii aber auch, dass er sich an diese Umstände gewöhnen kann, ja muss.

Ich bin nun einmal Soldat und ein Soldat kann es sich nicht aussuchen, wo er hingeschickt wird, denkt Otii.

„Lasst uns gen Mekka beten. In aller Stille", befiehlt Kony seinen Leuten.

„Wo ist Mekka von hier?“, fragt Otii seinen Chef.

„Da“, sagt Kony voller Gewissheit und zeigt nach links.

Die Jungen und Mädchen drehen sich in die Richtung, in die Kony gezeigt hat. Alle beten, ohne dabei ein Wort zu sagen.

Unsinn, denkt Otii. Ich hätte ihn schon vor Jahren erledigen sollen. Jetzt sind wir erledigt. Raska Lukwiya, Okot Odiambo. Meine Kommandeure und ich. Dominic Ongwen ist tot. Ohne Kony hätten wir eine Chance. Mit ihm wohl kaum. Nur noch wenige hundert Soldaten haben wir. Versprengt in alle Himmelsrichtungen. Meine anderen Kommandeure sind entweder tot oder haben sich auf Amnestie eingelassen. Kampala hat ihnen nette Häuser gegeben. Sie leben wie die Maden im Speck und haben uns verraten. Ein neues Uganda. Dass ich nicht lache. Khartum lässt uns hängen und wir ziehen wie Gejagte durch den Dschungel. So sieht das aus. Und ich, der Generalleutnant dieses Haufens hier, sitze auf dem Boden und bete gen Mekka. Vielleicht sollte ich mich stellen und aufgeben. Das wäre keine schlechte Idee.

Otii blickt Kony lange an. Kony sitzt im Schneidersitz auf dem Boden, seine Arme nach vorne gestreckt, die Handflächen nach oben, als ob er den Heiligen Geist in Empfang nehmen will. Die Realität interessiert ihn nicht, hat Kony nie interessiert. Kony hat sich seine eigene Realität geschaffen, seit er am 15. Januar 1986 vom Felsmassiv bei Odek, seinem Geburtsort, geklettert ist. Fast zwanzig Jahre ist das jetzt her. Zwanzig Jahre, in denen er Horror und Elend über knapp zwei Millionen Menschen gebracht hat. Kony ist das egal. Er hofft noch weiterhin darauf, Uganda nach seinen Vorstellungen zu regieren.

Und wenn es noch mal zwanzig Jahre dauert, ich bin auf

diesen Kampf eingestellt. Lebendig kriegen sie mich nie. Diese Verräter. Diese Teufel. Sie wissen nur zu gut, ich töte keine Menschen. Ich töte nur böse Menschen, denkt er.

„Ich töte keine Menschen. Ich töte nur böse Menschen", schreit er plötzlich in den Dschungel hinaus. Die Kinder zucken vor Schreck zusammen. Dann kehrt Kony in sein stilles Gebet zurück. Otii schließt die Augen.

Am Donnerstag, dem 6. Oktober 2005, wird der Internationale Strafgerichtshof in Den Haag Haftbefehl gegen Kony, Otii und die Führungsspitze der Widerstandsarmee des Herrn erlassen und an die Behörden in Uganda, im Kongo und im Sudan verschicken. Dreiunddreißig Anklagepunkte hat Chefankläger Luis Moreno Ocampo gegen Kony gesammelt. Zwölf Punkte wegen Verbrechen gegen die Menschlichkeit. Dazu gehören vorsätzliche Tötung, Versklavung, sexuelle Sklaverei, Vergewaltigung, unmenschliche Handlungen wie schwere Verletzung der körperlichen und geistigen Gesundheit. Plus einundzwanzig Punkte wegen Kriegsverbrechen wie vorsätzliche Tötung, grausame Behandlung von Zivilpersonen, vorsätzliche Angriffe auf die Zivilbevölkerung, Plünderung, Anstiftung zur Vergewaltigung und die Zwangsrekrutierung von Kindern. Anklagepunkte, die Kony so ernst nehmen wird wie einen Regentropfen im Monsun.

Plötzlich fängt Kony an zu stöhnen, wie der Motor eines Rennwagens brummt der einst so gewöhnliche, heute nicht mehr so junge Mann, der zu einem der brutalsten Rebellenführer Afrikas mutierte Schulabbrecher mit zwei linken Händen. Der Mann, der sich in seinem Dorf Odek einen Spaß daraus machte, eingewickelt in Bananenbaumblättern, mit frei baumelnden Genitalien, die Frauen zu erschrecken. Der Mann, dessen Vater nach seinem Verschwinden aus Freude darüber acht Eier zerbrach. Der Mann, der über einhundert Sexsklavinnen seine Ehefrauen nannte. Der Mann, der noch vor wenigen Monaten über ein Heer von Tausenden von Kindersoldaten verfügte, unterstützt von den islamistischen Fundamentalisten in Khartum. Der Mann, der glaubte, sein Volk retten zu müssen, und in seinem Wahn die Acholi in den Abgrund führte. Der besessene Sektenführer und blutrünstige Kultbetreiber.

Dieser Mann sitzt auf der modrigen Erde des Kongo und brummt wie ein alter Motor, denkt Otii.

„Gib mir dein Telefon!“, fordert Kony Otii auf.

Otii gibt Kony sein Mobiltelefon. Der Empfang im Kongo ist hervorragend.

Kony schaltet das Telefon ein und drückt mehrere Nummern. Wenige Sekunden später nimmt am anderen Ende der Leitung jemand ab.

„Tötet ein paar *mzungus*. Tote Neger interessieren keinen. Ich brauche Schlagzeilen. Stimmung“, befiehlt Kony. Dann schaltet er das Telefon wieder aus und reicht es Otii.

„Es ist noch lange nicht vorbei. Noch lange nicht“, sagt Kony und steht auf.

„Weiter“, befiehlt Otii den Kindersoldaten, die schlaff und ermüdet auf dem Boden kauern. Doch aus Angst vor ihren Herren springen sie schnell auf die Füße.

„Wir brauchen Proviant. Wir brauchen frische Soldaten. Wir suchen uns ein Dorf. Los“, befiehlt Kony und schreitet voran. Mit einer Machete ebnet er den Weg.

Gehorsam folgen ihm Otii und die Kinder. Schon nach wenigen Momenten sind sie nicht mehr zu sehen. Es scheint, als ob sie der Wald verschluckt hätte, um sie später irgendwo wieder auszuspucken. Dort, wo sie niemand erwartet.

Anmerkungen

Hopes Geschichte ist wahr. *Hope* gibt es wirklich. Sie lebt noch heute in Uganda. Um ihre Identität zu schützen, habe ich lediglich ihren Namen geändert.

Hopes Geschichte spiegelt das Schicksal von mehr als 25 000 Kindern im Norden Ugandas, die bislang von der Widerstandsarmee des Herrn entführt worden sind. Es ist eine harte Geschichte. Ich habe sie so aufgeschrieben, wie mir die Fakten mitgeteilt worden sind. Trotzdem will ich darauf verweisen: Manchmal gestatte ich mir die Freiheit der Dichtung.

So bin ich Joseph Kony und Vincent Otii nie persönlich begegnet. Ich skizziere diese Männer so, wie sie mir von vielen Seiten beschrieben worden sind.

Ich bin der festen Überzeugung, dass wir die moralische Verpflichtung haben, Menschen in Not zu helfen. Michael Oruni und sein World-Vision-Team in Gulu haben meinen größten Respekt. Ohne sie wäre dieses Buch nicht möglich gewesen.

Mein größter Dank aber gilt *Hope,* die ich seit 2003 kenne und die ich bei meinen Reisen nach Afrika immer wieder treffe. Sie ist heute bereits eine junge Frau, die erfolgreich ihr Abitur gemacht hat und sich nun auf ihr Studium vorbereitet. Den Umständen entsprechend geht es ihr gut. Ihrer Tochter auch.

Für mich symbolisiert Hope die vergessene Seele Ugandas. Die internationale Gemeinschaft schuldet Hope und den Kindern im Norden Ugandas mehr, als sie je wieder gutmachen kann.

Sönke C. Weiss
Kampala, im Juli 2006

Im Teufelskreis der Gewalt

In Norduganda wütet seit fast zwei Jahrzehnten ein brutaler Bürgerkrieg, bei dem bisher schätzungsweise 25.000 Kinder von der Widerstandsarmee des Herrn (LRA) entführt, zu Soldaten ausgebildet und zum Töten gezwungen worden sind. Bislang hat die Weltöffentlichkeit an diesem Krieg kaum Interesse gezeigt. Über die politische Situation in Uganda, das Versagen der Weltgemeinschaft und die Möglichkeiten, den Kindersoldaten zu helfen, sprach Autor Sönke C. Weiss mit dem World-Vision-Kindersoldaten-Experten Kurt Bangert. Das Gespräch wurde im Auftrag des *Parlaments*, der Wochenzeitung des Deutschen Bundestags in Berlin, geführt und am 20. Februar 2006 veröffentlicht.

Sönke C. Weiss: Zehntausende entführte Kinder, die zu Soldaten gemacht wurden, 1,8 Millionen Binnenflüchtlinge, das sind 90 Prozent der Bevölkerung Nordugandas, dazu Hunger, Verelendung, absoluter Bildungsnotstand. Nach fast 20 Jahren Bürgerkrieg ist das die traurige Situation im Norden Ugandas. Hat die Internationale Gemeinschaft hier kläglich versagt?

Kurt Bangert: Der Konflikt in Norduganda hat nie wirklich die Aufmerksamkeit der Weltöffentlichkeit erreicht, obwohl hier die schlimmsten Menschenrechtsverletzungen vorkommen, die man sich vorstellen oder vielmehr kaum vorstellen kann. Hier werden Männer, Frauen, Alte und Kinder von der so genannten „Widerstandsarmee des Herrn“ überfallen, beraubt, verstümmelt und abgeschlachtet. Kinder ab sieben und acht Jahren werden entführt, zu Soldaten ausgebildet und zum Töten gezwungen, sind dann gleichzeitig Opfer und Täter. Die Berichte, die uns aus Norduganda erreichen, sind von unbeschreiblicher Grausamkeit. Engagierte Nichtregierungsorganisationen und auch Politiker haben sich für eine Lösung eingesetzt. Leider vergeblich. Überdies hat sich die Weltgemeinschaft bisher vermutlich zu sehr darauf verlassen, dass es der ugandischen Regierung irgendwann gelingen könnte, eine Lösung auf dem Verhandlungsweg zu erreichen. Doch alle friedlichen Bemühungen sind gescheitert. Mit Joseph Kony, dem Anführer der LRA, lässt sich offensichtlich nicht verhandeln. Uganda hat Konys Soldaten sogar eine Amnestie angeboten, die einige in Anspruch genommen haben, die Anführer jedoch nicht.

Weiss: Die Kriege in Bosnien und Kosovo wurden beendet, weil der Druck der Öffentlichkeit größer und größer wurde. Scheuen sich die Nichtregierungsorganisationen, Forderungen vorzubringen, Herrschern gegenüber unbequem aufzutreten, auch gegenüber den Politikern im eigenen Land?

Bangert: Der Konflikt in Uganda ist weit weg, beeinflusst wenig die Weltpolitik und wird größtenteils ignoriert. Ich kann nicht behaupten, die Nichtregierungsorganisationen hätten bereits genug getan, um die internationale Politik wachzurütteln, obwohl wir, dazu zähle ich mich auch persönlich, darüber mit Vertretern der UN, der EU und der Bundesregierung gesprochen haben. Leider werden viele Lippenbekenntnisse abgegeben, aber die Bereitschaft, sich über eine zurückhaltende Diplomatie hinaus noch stärker zu engagieren, ist doch sehr gering. Der Terrorismus wird meist nur dort bekämpft, wo für den Westen auch sicherheitspolitische oder wirtschaftliche Interessen auf dem Spiel stehen. Menschenrechtsverletzungen allein scheinen da nicht auszureichen.

Weiss: Warum üben die Vereinten Nationen nicht mehr Druck auf Präsident Museveni und sein Kabinett aus, damit der Konflikt endlich beendet wird?

Bangert: Die Vereinten Nationen wollen Museveni offenbar nicht unter Druck setzen, weil Uganda nach wie vor ein Vorzeigeland in Afrika ist, was Entschuldungskriterien und HIV/Aids-Bekämpfung betrifft. Aber die Tatsache, dass hier eine große Region wirtschaftlich völlig am Boden liegt und Millionen Menschen sich nicht trauen, ihre Felder zu bestellen, schreit geradezu zum Himmel und sollte von den Politikern hierzulande wie auch bei den Vereinten Nationen nicht länger überhört werden.

Weiss: Ist Ugandas Regierung in Kampala vielleicht gar nicht an einem Frieden im Norden des Landes interessiert?

Bangert: Der Verdacht liegt nahe. Es dürfte der ugandischen Regierung sehr gelegen kommen, einen Konflikt am Kochen zu halten, der es rechtfertigt, hohe Militärausgaben zu budgetieren, ohne darüber Auskunft erteilen zu müssen. Zudem gehört der Norden Ugandas einer anderen ethnischen Gruppierung an als Museveni und die meisten anderen Regierungsmitglieder. Das spielt eine große Rolle. Insofern hält sich der Wille der ugandischen Regierung, diesen Konflikt wirklich zu lösen, in Grenzen.

Weiss: Bereits 2005 hat der Internationale Strafgerichtshof in Den Haag Haftbefehle gegen Joseph Kony und die LRA-Spitze erlassen. Festgenommen worden sind die Männer allerdings nicht. Stattdessen mehren sich Überfälle und tödliche Anschläge auf Ausländer. Ist das die neue Taktik der LRA?

Bangert: Es ist grundsätzlich ein gutes Zeichen, wenn der Internationale Strafgerichtshof Menschenrechtsverletzungen ahndet. Aber dieser Haftbefehl kam in diesem Fall zu einem denkbar ungünstigen Zeitpunkt, als man nämlich glaubte, über das ugandische Amnestie-Gesetz eine Lösung zu finden. Der Haftbefehl könnte diese Aussichten zunichte gemacht haben. Und natürlich nützt ein Haftbefehl überhaupt nichts, wenn man keine Chance hat, die Angeklagten festzunehmen. Joseph Kony muss man erst einmal fassen. Ihm gelingt es seit fast 20 Jahren, sich dem Zugriff der ugandischen Armee und Justiz zu entziehen. Dennoch müssen die Haftbefehle umgesetzt werden. Die Anschläge auf Ausländer sorgen für internationale Aufmerksamkeit, die Kony vielleicht sogar sucht.

Weiss: Die LRA zieht sich immer wieder über die Grenze in den Sudan zurück und ist schon deshalb schwer zu bekämpfen. Kinderarmeen ziehen von Land zu Land. Man hört, Kony sei jetzt im Kongo, wo sich auch ugandische Truppen aufhalten. In einem UN-Bericht werden der ugandischen Armee Menschenrechtsverletzungen vorgeworfen. In Norduganda gibt es danach pro Woche 1.000 Tote. Was geht im Herzen Afrikas vor sich und warum soll dies für uns von Bedeutung sein?

Bangert: Nicht nur die Menschen leiden unter einer erdrückenden Armut, sondern auch viele Regierungen haben wenig Geld, um überall in ihren eigenen Ländern für Sicherheit und Ordnung zu sorgen. Da tummeln sich Verbrecher, Verrückte, Warlords und Rebellenführer, die ihren Machteinfluss auf Kosten der Bevölkerung abstecken und sich Bodenschätze sichern. Sie gehen dabei buchstäblich über Leichen. Mir scheint ein Marshall-Plan für Afrika notwendig zu sein, der aber auch verantwortungsbewusste afrikanische Regierungen voraussetzt.

Weiss: Was sollte die Internationale Gemeinschaft leisten, um den Kindern Ugandas zu helfen?

Bangert: Die Vereinten Nationen haben schon einiges getan. Sie haben ein Abkommen über das Verbot des Einsatzes von Kindern als Soldaten verabschiedet, wonach Kinder unter 18 Jahren nicht im Krieg eingesetzt oder zum Töten gezwungen werden dürfen. Die Vereinten Nationen haben angefangen, Staaten zu benennen, in denen Kinder als Soldaten eingesetzt werden. Das sind Fortschritte, die wir seit Jahren angemahnt hatten. Aber im Fall Uganda bedarf es eines konzertierten gemeinsamen Vorgehens von westlichen und afrikanischen Staaten, um die LRA zur Aufgabe zu bewegen und Joseph Kony dingfest zu machen. Friedliche Lösungen sind dabei den militärischen vorzuziehen. Menschenrechtsverletzungen müssen geahndet und die Menschen, insbesondere Binnenflüchtlinge, vor Gewalt und Menschenrechtsverletzungen besser geschützt werden.

World Vision

World Vision-Deutschland ist Teil der weltweiten World Vision-Partnerschaft, die in fast 100 Ländern aktiv ist. Einen Schwerpunkt der Arbeit des Hilfswerkes bildet mit der Versorgung von Katastrophenopfern die Humanitäre Nothilfe. Die Finanzierung dieser Projekte erfolgt meist über Kooperationen mit dem Auswärtigen Amt, dem Amt für Humanitäre Hilfe der Europäischen Union (ECHO) und dem Welternährungsprogramm der Vereinten Nationen (WFP).
Weitere Informationen: www.worldvision.de.

ECHO Humanitäre Hilfe
EUROPÄISCHE KOMMISSION

ECHO ist das Amt für Humanitäre Hilfe der Europäischen Union, das jedes Jahr weltweit Millionen von Menschen unterstützt, die Opfer von Naturkatastrophen und Konflikten geworden sind. Hilfe wird unabhängig vom Kontinent, Religion oder politischer Überzeugung geleistet und richtet sich nach den international anerkannten humanitären Grundregeln. Seit 2000 hat ECHO die Bevölkerung Nordugandas mit über 20 Millionen Euro unterstützt.
Weitere Informationen: http://ec.europa.eu/echo/.